EARTH-SHATTERING EARTHQUAKES
BY ANITA GANERI

Text Copyright ⓒ Anita Ganeri, 2000
Illustrations Copyright ⓒ Mike Phillips, 2000
Korean Translation Copyright ⓒ Gimm-Young Publishers, Inc., 2003
All rights reserved.
This Korean edition is published by arrangement with
Scholastic Ltd., London through Eric Yang Agency, Seoul.

이 책의 한국어판 저작권은 에릭양 에이전시를 통한 Scholastic Ltd와의
독점 계약으로 김영사에 있습니다. 저작권법에 의해 한국 내에서
보호를 받는 저작물이므로 무단 전재와 복제를 금합니다.

지진이 우르릉쾅쾅

1판 1쇄 인쇄 | 2003. 7. 4.
개정 1판 1쇄 발행 | 19. 12. 5.

애니타 개너리 글 | 마이크 필립스 그림 | 오숙은 옮김

발행처 김영사 | 발행인 고세규
등록번호 제 406-2003-036호 | 등록일자 1979. 5. 17.
주소 경기도 파주시 문발로 197(우-10881)
전화 마케팅부 031-955-3100 | 편집부 031-955-3113~20 | 팩스 031-955-3111

값은 표지에 있습니다.
ISBN 978-89-349-9837-2 74080
ISBN 978-89-349-9797-9 (세트)

좋은 독자가 좋은 책을 만듭니다. 김영사는 독자 여러분의 의견에 항상 귀 기울이고 있습니다.
독자의견전화 031-955-3139 | 전자우편 book@gimmyoung.com
홈페이지 www.gimmyoungjr.com | 어린이들의 책놀이터 cafe.naver.com/gimmyoungjr

이 도서의 국립중앙도서관 출판시도서목록(CIP)은 서지정보유통지원시스템
홈페이지(http://seoji.nl.go.kr)와 국가자료공동목록시스템(http://www.nl.go.kr/kolisnet)에서
이용하실 수 있습니다. (CIP제어번호 : CIP2019031265)

어린이제품 안전특별법에 의한 표시사항

제품명 도서 제조년월일 2019년 12월 5일 제조사명 김영사 주소 10881 경기도 파주시 문발로 197
전화번호 031-955-3100 제조국명 대한민국 ⚠주의 책 모서리에 찍거나 책장에 베이지 않게 조심하세요.

차 례

들어가는 말 　　　　　　　　7
충격 실화 　　　　　　　　11
지구가 기진맥진 　　　　　　　　19
단층이 뭐지? 　　　　　　　　42
울렁울렁 지진파 　　　　　　　　58
흔들리는 땅에서 　　　　　　　　76
지진 전문가 　　　　　　　　92
알쏭달쏭 경고 신호 　　　　　　　　111
지진에서 살아남기 　　　　　　　　122
흔들리는 미래? 　　　　　　　　141

들어가는 말

지리는 땅이 꺼지는 것일 수도 있다. 아니, 여러분이 지리 수업을 연달아 2시간 받아야 한다는 소식을 들었을 때 땅이 꺼져라 한숨을 쉴 때의 느낌이 아니다. 무슨 말인지 알겠지…….

*지각은 학교에 늦는 것이 아니라 지구의 껍질을 말한다. 지구의 맨 바깥 부분인데, 바로 그 위에서 여러분이 자전거를 타는 것이다.

**지진이란 다 알겠지만 땅이 흔들리는 것이다. 지구가 지진 활동을 한다고 지진아는 아니란 거 알지?

지리의 '지' 자만 들어도 끔찍한데 도대체 선생님 말씀엔 웬 '지' 자가 저렇게 많을까?

여러분을 위해 '지' 자를 쓰지 않고 선생님 말씀을 옮기자면, 여러분이 서 있는 땅이 아주 많이 흔들린다는 얘기다. 훨씬 듣기 좋지?

아니, 단순히 땅이 흔들리는 것과는 다르지. 사실 전혀 다르다. 지진으로 땅이 흔들리면 단단한 땅의 암석층들이 쩍쩍 갈라지고 사람들의 생활은 완전히 뒤죽박죽이 된다. 그럼 무엇 때문에 이런 끔찍한 일이 일어나냐고? 땅이 흔들리는 건, 바로 지진 때문이다. 그리고 지진은 2시간짜리 지리 시간도 몇 년만에 겪어 보는 정말 짜릿한 재미를 맛보게 해 준다.

여러분이 무시무시한 지진에 관해 알 수 있는 가장 빠른 방법은 물론, 이 책을 읽는 것이다. 지진에 관해 잘 알고 싶지? 우선 지진이 일어났을 때 어떤 느낌인지 알고 싶다면 다음 장면을 상상해 보자…….

여러분은 기분 좋게 침대에 몸을 파묻고 코를 골며 자고 있다. 어느 순간 방이 심하게 흔들리기 시작한다. 그러다가 몸이 갑자기 침대 밖으로 날아가 '쿵' 소리를 내며 바닥에 떨어진다. 여러분은 어리둥절해서 한쪽 눈을 뜨고, 곧이어 다른 쪽 눈을 뜬다. 뒤죽박죽. 사방에 책이며 옷가지가 널려 있고 엉망진창이 되었다.

마치 세상이 꺼지는 듯한 기분이다. 그리고 울부짖는 듯한 이 소리는 대체 무엇일까? 당연히 덜덜 몸이 떨려 꼼짝할 수가 없다. 겁먹지 말도록. 진짜로 지진이 일어난 건 아니니까. 엄마가 방으로 달려와서 여러분을 침대에서 끌어낸 것일 뿐이니까. (그리고 엄마는 방을 치우라고 소리 지르고 계시다. 또 한 번.) 물론 이것은 끔찍한 경험이긴 하지만 여러분은 곧 그 충격에서 벗어나게 된다.

바로 이것이 이 책에 나올 내용들이다.

단 몇 초만에 거대한 도시를 잿더미로 만들만큼 강력하고, 땅을 갈라 쪼개어버릴 정도로 무시무시하고, 핵폭탄보다 더 위력적인 것. 지진은 자연의 힘 가운데 가장 파괴력이 크다.

〈지진이 우르쾅쾅〉에서 나오는 것들은······.

● 지진은 어떻게 일어날까?
● 지진이 닥칠 거라는 조짐, 즉 경고 신호를 어떻게 알아볼까?

● 지진에도 무너지지 않을 내진 설계된 고층 건물은 어떻게 지을까?
● 마지막으로 지진학자* 시드와 함께 지진을 예측해 보자.

*지진학자란 물론 지진을 연구하는 과학자지!
세상을 뒤흔들고 싶은 사람들은 나랑 함께 가자!

지금까지 이런 지리는 보지 못했을걸. 그리고 이 책은 여러분을 벌벌 떨게 만들어 줄 것이다.

충격 실화

때는 1906년 4월 18일. 수요일 이른 새벽이었다.

서부의 자존심이라는 샌프란시스코 시는 어둠 속에 잠들어 있었다. 잠자는 이 도시 위로 머지않아 동이 트면 아침 안개가 사라지고 아름다운 하루가 시작될 것이었다. 그리고 곧 있으면 학교와 직장으로 향하는 50만 명의 사람들로 샌프란시스코는 분주한 도시로 변할 것이었다.

그러나 지금, 대부분의 건물과 집에서 커튼이나 블라인드는 아직도 내려져 있었다. 일찍 일어난 몇몇 사람들만 움직이고 있을 뿐이었다. 새벽같이 근무 교대를 나가야 하는 전차 운전사와 공장 노동자, 부두 노동자들이 하품을 하고 기지개를 켜면서 졸린 눈을 비비고 있었다. 일어나서 일터로 나갈 때가 된 것이다.

여느 날과 똑같은 하루가 시작되었다.

그런데 도시가 생지옥이 된 것이다.

오전 5시 13분, 아무런 예고도 없이 샌프란시스코의 땅 밑이 갑자기 울렁거리기 시작했다. 40초의 짧은 시간 동안 땅은 그 도시를 송두리째 뒤흔들어 놓았다. 그리고 10초 동안은 잠잠한 듯 하더니 다시 엄청난 충격이 닥쳤다. 불길하게, 성난 듯한 쿠르릉 소리가 땅 밑에서 울려왔다. 그리고 도시는 아수라장 속으로 빠져들었다.

이른 아침이었다. 거리는 텅 비어 있었고 이따금씩 배달 나온 우유배달부와 순찰 중인 경찰이 보일 뿐이었다. 제스 쿡 경사는 지진이 거리를 쩍쩍 갈라 놓으며 자기 앞으로 다가오는 것을 보았다. 나중에 그는 이렇게 말했다.

"거리 전체가 요동치고 있었습니다. 마치 바다에서 파도가 다가오는 것 같았어요. 그 파도는 다가올수록 점점 커졌지요."

그 도시의 다른 곳, 이탈리아의 유명한 오페라 가수 엔리코 카루소는 호화로운 팰리스 호텔에 묵고 있었다. 어젯밤 샌프란시스코 오페라 극장에서 성황리에 공연을 마친 후였다. 그는 나중에 이렇게 회상했다.

"객실 안의 모든 것이 빙빙 돌고 있었어요. 샹들리에는 천장

까지 닿을 것 같았고 의자들은 서로를 뒤쫓듯 돌고 있었습니다. 꽝! 꽝! 꽝! 정말 끔찍한 장면이었죠. 사방의 벽이 무너지고 먼지 구름이 피어올랐어요. 세상에, 그 순간이 영원히 끝나지 않을 것 같았어요!"

도시 반대편에서는 이 지진으로 건물들이 장난감처럼 휘청거리고 무너지고 있었다. 유리와 창문들은 산산조각이 났다. 금이 간 벽에서는 그림들이 떨어졌다. 거리는 휘어지고 불룩 솟아올랐다. 모든 교회의 종들이 일제히 울리기 시작했다. 한 목격자의 말에 따르면 그것은 세상의 종말을 알리는 소리 같았다고 한다.

겁에 질린 사람들은 비명을 지르며 침대에서 뛰쳐나와 거리로 내달렸다. 잠옷을 갈아입을 겨를도 없었다. 사람들은 황급히 뛰쳐나오면서 손에 닿는 대로 아무거나 집어들었다. 어떤 이들은 시끄럽게 울어 대는 앵무새나 카나리아가 든 새장을 들고 나왔다. 모자를 세 개나 쓴 남자도 있었다. 그 사람의 눈에는 모자 세 개밖에 보이지 않았던 것이다. 또 어떤 남자는 세상에서 가장 귀한 것인 양 난로용 석탄통을 꼭 껴안고 있었다. 다른 사람들은 거리에서 우왕좌왕하거나 바닥에 조용히 주저앉아 있었다. 그들은 충격으로 넋을 잃은 나머지 울거나 말도 하지 못했다. 아무도 눈앞에 벌어진 일을 믿을 수가 없었다. 그렇게 엄청난 파괴의 현장은 한 번도 본 적이 없었던 것이다. 그 4월의 아침에 샌프란시스코는 관측 사상 가장 큰 지진을 겪은 것이었다.

흔들림이 멈추고 땅이 다시 잠잠해지자 사람들은 이 상황을 이해하려고 애썼다.

무시무시한 장면이 눈앞에 펼쳐졌다. 도시의 전 구역이 그대로 무너져 버렸거나, 아니면 땅 속으로 꺼져 있었다. 시내 중심가의 거의 모든 건물은 파괴되어 있었다.

수백 명이 무너진 잔해에 짓눌려서 목숨을 잃었고, 크게 다친 사람들은 더 많았다. 간혹 산산이 부서져 내린 폐허 속에서 사람들이 울부짖는 소리가 들리기도 했다. 그런데, 도무지 더 이상 나빠질 게 있을까 싶은 그 때에 사태는 더욱 악화되었다.

오전 10시경, 첫 번째의 무시무시한 지진이 지나간 지 다섯 시간 후였다. 최악의 상황은 끝났다고 생각했는지, 한 여자가 아침 식사를 준비하려고 베이컨과 달걀을 요리하기 시작했다. 그 여자는 성냥을 켜서 화덕에 던졌다. 그리고 공포에 질려 다

음 장면을 지켜보았다.

 지진으로 굴뚝이 파손되어 있었던 탓에 불이 부엌 지붕으로 옮겨 붙은 것이다. 눈 깜짝할 사이에 나무로 지어진 그 집은 전체가 불길에 휩싸였다. 불꽃은 들불처럼 그 블록의 나머지 건물로 번졌고, 이어서 다른 구역으로까지 번져갔다. 빨리 손을 쓰지 않으면 샌프란시스코는 잿더미가 될 판이었다.

 도시의 용감한 소방관들은 현장으로 달려갔다. 이들은 가장 가까운 송수관에 호스를 끼우고 물이 콸콸 나오기를 기다렸다. 한줄기 물이 뿜어져 나왔다. 그뿐이었다. 대체 이게 무슨 조화일까? 그들은 무시무시한 사실을 발견했다. 지진으로 도시의 상수도관이 파괴되어 3억 리터에 이르는 물이 천천히 그러나 쉼 없이 땅 속으로 새고 있었던 것이다. 사용할 물이 없으니 소방관들은 속수무책이었다. 그들이 할 수 있는 거라고는 불길이 도시를 야금야금 삼키는 모습을 지켜보는 것뿐이었다. 샌프란시스코는 죽음을 선고받은 것이다.

 그 도시에서 탈출한 수천 명의 사람들도 언덕에 마련된 임시 캠프에서 그 불길을 지켜보았다.

 거친 바람에 파멸의 불은 더욱 거세게 타오르며 2박 3일 동안 계속되었다. 그리고 4월 21일 일요일 밤 마침내, 길고 긴 기다림 끝에 드디어 비가 내리기 시작했다. 때맞춰 내린 고마운 비였다. 이튿날 아침, 공기는 깨끗해졌다. 다만 군데군데 아직 불씨가 꺼지지 않은 폐허에서 가느다란 연기가 피어올랐다. 남은 것이라고는 시커멓게 타버린 집들만 가득했다. 도시의 형체는 알아볼 수 없었다. 아직도 서 있는 건물들은 유령처럼, 다 타버린 껍데기만 남았다. 옛날의 샌프란시스코는 영원히 사라져 버렸다.

당시 정신적으로 심한 충격을 받았던 한 목격자는 나중에 이렇게 썼다.

> 저 밑으로는 넘실거리는 불바다가 있었다. 머리 위 하늘은 하얗게 타들어가는 것처럼 금빛과 주황빛으로 물들더니 눈부신 빛으로 번져갔다. 연기는 합쳐져 거대한 구름을 이루었고, 별들은 맑게 반짝이는 광대한 푸른 하늘을 배경으로 뚜렷이 모습을 드러내고 있었다. 밤이 되어 날이 추워지자 사람들은 잠자는 사람들 사이로 언덕을 오르내리면서 뻣뻣하게 굳은 몸을 폈다. 그리고 비처럼 끊임없이 내리는 따가운 재 때문에 충혈된 눈을 다른 곳에 돌리려고 애썼지만 불은 엄청난 매력을 발산하며 사람들의 눈을 붙잡아 두었다.

원래 작은 마을이었던 샌프란시스코는 19세기 당시 눈부시게 성장하고 있었다. 그만큼 사람들은 그 도시를 자랑스러워했다. 비록 많은 사람들이 그 지진으로 모든 것을 잃었지만 이들은 그 도시를 다시 위대하게 건설할 수 있다고 굳게 믿었다. 불과 몇 년만에 사람들은 그 도시를 재건했다. 그 어느 때보다도 크고 더 근사하게.

우르쾅쾅 지진 파일

위치 : 미국 샌프란시스코
날짜 : 1906년 4월 18일   **시간** : 오전 5시 13분
지속 시간 : 65초   **규모** : *8.3
사망자 : 7백 명
충격 사실 :

- 미국에 일어난 지진 중 가장 강력한 것이었다. 도시의 3분의 2가 쑥대밭이 되었다. 교회 80곳과 30곳의 학교를 비롯해 대략 2만 8천 채의 건물이 파괴되었다. 집을 잃은 주민은 30만 명에 이르렀다.
- 샌프란시스코에 지진이 일어난 것은 이곳이 산안드레아스 단층 근처에 있기 때문이다. 단층이란 지구 표면이 크게 어긋난 곳을 말한다. 땅 속 깊은 곳에서 일어난 지진이 이 단층을 갈라 놓았다.
- 샌프란시스코에 이와 같은 거대한 지진이 다시 일어난다면 수천 명의 인명 피해와 수십 억 달러의 손실이 날 수 있다.

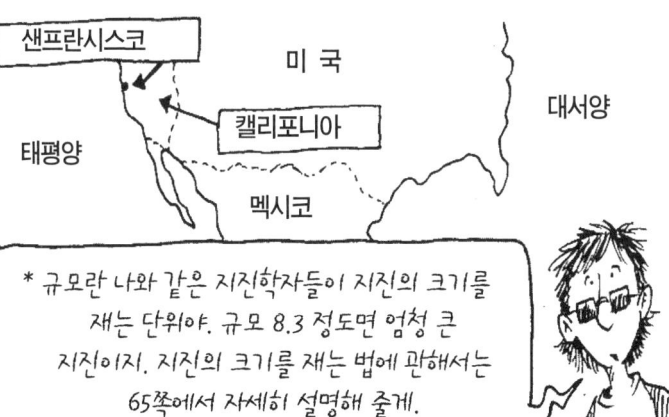

* 규모란 나와 같은 지진학자들이 지진의 크기를 재는 단위야. 규모 8.3 정도면 엄청 큰 지진이지. 지진의 크기를 재는 법에 관해서는 65쪽에서 자세히 설명해 줄게.

그러나 위험은 아직 사라지지 않았다. 샌프란시스코에선 누구든, 그들이 언제 흔들릴지 모르는 땅 위에 살고 있다는 사실을 너무도 잘 알고 있다. 언제든지 또 다른 지진이 덮칠 수 있다. 문제는 그것이 언제인지 아무도 모른다는 것이다. 대체 무엇이 단단해 보이는 그 땅을 갈라 놓은 것일까? 한 도시를 산산조각 낼 수 있는 엄청난 힘은 어디서 나오는 것일까? 예쁜 꽃이나 졸졸 흐르는 개울 같은 자연의 부드럽고 온화한 모습 따위는 잊어버리자. 이것은 지리 중에서도 가장 거칠고 사나운 부분이다. 그리고 그것은 바로 여러분 발 밑에서 일어나고 있다. 이제 단단히 각오가 되었는지?

지구가 기진맥진

혼비백산했던 샌프란시스코 사람들이 알게 된 사실은 바로 이것이었다. 지진은 도저히 예측할 수 없다는 것. 언제 또 지진이 덮치게 될지는 아무도 알지 못한다. 지진은 보통 땅 속 깊은 곳에서 일어나기 때문에 그 위험한 조짐을 알아내기란 굉장히 힘들다.(여러분 지리 선생님이 아무리 뒤에도 눈이 달렸다 해도 단단한 바위를 뚫어 보지는 못할 것이다.) 지진은 오랜 세월 동안 무척 신비스럽게 여겨졌다. 그래서 사람들은 온갖 이야기를 지어냈다.

우르쾅쾅 지진 이론들

1. 북아메리카의 원주민들은 거대한 거북이 지구를 떠받치고 있다고 생각했다. 거북이 쿵쿵 발을 구를 때마다 엄청난 지진이 일어난다는 것이다.

2. 날씨가 추운 시베리아에 사는 사람들은 '툴리'라는 신이 거대한 썰매에 지구를 싣고 다닌다고 믿었다. 그런데 문제는 이 썰매를 끄는 개들의 몸에 벼룩이 있었다는 것. 그래서 벼룩한테 물린 개가 멈춰서 몸을 긁는 바람에 지구가 덜컹덜컹 흔들렸다고.

3. 서아프리카의 일부 지역에서는 사랑에 애태우는 한 거인 때문에 지진이 일어난다고 한다. 그 거인은 지구의 한쪽을 몸으로 떠받치고 다른 한쪽은 거대한 화산에 기대어 놓았다. 그리고 거인의 아내는 하늘을 떠받치고 있었다. 낭만적인 그 거인이 아내를 껴안으려고 몸을 기울이면 어떻게 되게? 그래, 지진이 일어나지.

4. 이것은 중앙 아메리카에서 전해지는 이야기이다. 지구의 네 귀퉁이를 떠받치는 네 명의 신이 있었다. 그런데 지구에 사람이 너무 많다 싶으면 이 신들이 한쪽 귀퉁이를 흔들어서 사람들을 떨어뜨리는 거라고.

5. 아프리카의 모잠비크 사람들은 지구가 감기에 걸리면 지진이 일어난다고 믿었다. 감기에 걸리면 열이 펄펄 끓으니까 부들부들 흔들흔들 몸을 떨게 되잖아. 에에—엣취!

6. 일본에 전해지는 전설에 따르면 지진은 깊은 바다에 사는 거대한 메기가 일으키는 것이다. 이 메기가 잠을 자는 동안은 (메기, 아니 맥이 풀려서 그런가 보지, 히힛!) 지구가 고요하고 평화롭다. 그러나 메기가 잠에서 깨어 꿈틀거리기 시작하면 조심해야 한다. 바로 그때 지진이 일어나니까.(그 메기는 꽤나 산만하고 가만히 있지 못하는 녀석인가 보다. 일본은 세계에서 지진이 가장 자주 일어나는 곳 중 하나다.)

여러분은 그 메기를 잡을 수 있을까? 과연 용감하게 지구를 구할 수 있는지? 땅이 흔들리는 위험에서 지구를 구하고 싶은 사람을 위해 그 방법을 일러 주지.

준비물 :
- 아주 큰 메기 한 마리
- 아주 큰 바위 한 덩어리

방법 :

① 우선 메기를 잡아야겠지? 그런데 메기 잡기가 말처럼 쉽지는 않을지도 모른다. 이 귀찮은 물고기는 바다 깊은 곳, 진흙 바닥 속에 머리를 파묻기를 좋아하거든. 그리고 가방을 싼다. 왜냐고? 이 물고기를 가장 쉽게 찾을 수 있는 곳이 일본이니까. 자, 그럼 출발!

② 커다란 바위를 구한다(다시 말하지만 아주 커야 한다). 이 일을 하려면 도움이 필요하다. 여러분의 메기 사냥에 선뜻 도와줄 정신나간 친구가 있는지?

③ 메기의 머리 위에 큰 바위를 놓아서 바닥에서 꼼짝 못 하게 완전히 꾹 눌러놓는다. 좀 잔인하긴 해도 지구의 흔들림은 멈출 것이다. 비록 여러분은 성난 이 물고기의 원수가 되겠지만.

주의 :

이걸 읽기만 해도 오금이 저려서 도저히 못 하겠다는 사람은 마음씨 좋은 신을 끌어들이는 게 어떨까. 일본인들은 이 까다로운 메기의 성깔을 다스릴 수 있는 것은 오직 신밖에 없다고 믿었다. 무시무시한 땅울림이 시작되는 것은 신이 휴가를 떠났을 때뿐이었다.

바람이 잘못된 경우

결국, 이와 같은 전설이 사실이라면 지진은 바위에 머리가 깔린 거대한 물고기 한 마리 때문에 일어난다는 얘기가 된다. 정말 터무니없는 소리지. 그것말고 별난 이론은 또 없을까? 물론 그런 것들은 아주 많다.

고대 그리스 철학자인 아리스토텔레스(기원전 384~322)는 땅이 들썩일만한 또 다른 생각을 갖고 있었다. 그가 말하기를 지진은 바람이 잘못되었을 때 일어난다고 했다. 그래, 바람 말이다. 아리스토텔레스는 지진이 일어나는 이유는 지구 내부의 깊은 동굴에서 거대한 돌풍이 터져나오기 때문이라고 생각했다. 그 많은 동굴이 공기를 빨아들였다가 뜨겁게 달아오른 후에 다시 뿜어내는 거라고 말이다. 마치 귀가 멍멍할 만큼 엄청나게 큰 소리로 방귀를 뀌듯이.(여러분 선생님은 절대 이런 얘기는 안 해 주실걸.)

그러나 케케묵은 방귀도, 심술궂은 메기도 아니고, 낭만적인 거인 때문도 아니라면 도대체 무엇이 땅을 뒤흔드는 걸까? 어떤 종교 지도자의 말에 따르면 지진은 죄를 지은 사람들에게 신이 벌을 내리는 것이라고 했다. 그렇다면 사람들이 나쁜 행동을 고치면 지진은 멈출 것이다. 간단한 얘기다.(이 주장이 사실이든 아니든 사람들을 착하게 만들기엔 아주 좋은 방법이다!) 이와는 아주 다르게 생각했던 한 부인도 있었다. 1750년 런던에 지진이 일어나자, 그 부인은 하인이 침대에서 떨어졌기 때문이라고 생각했다.

그러나 아무리 형편없는 지리학자가 듣기에도 이건 틀린 말이었다. 1760년대에 영국 지리학자인 존 미첼이 주장하기를, 지구가 흔들리는 것은 어마어마하게 큰 파도가 암석층을 뚫고 지나가기 때문이라고 했다(아주 정확했다). 한편으로 그는 지진이 땅 속의 거대한 불이 뿜어낸 증기 때문에 시작된다고 생각했다(이것은 틀렸다).

사실대로 말하자면, 무시무시한 지진 때문에 지리학자들은 골머리를 앓았다. 어쩌면 지진은 계속 그렇게 난처한 문제로 남았을지도 모른다. 다행히 독일의 똑똑한 지리학자인 알프레드 베게너(1880~1930)가 지진 문제를 철저하게 파헤쳐서 멋지게 풀어냈다.

그가 무슨 판을 벌였다고?

소년 시절, 알프레드 베게너는 하늘을 쳐다보는 시간이 많았다. 그의 그런 버릇 때문에 부모님은 속이 상했다. 이들은 어린 알프레드가 헛되이 시간 낭비만 하고 있으며 결코 훌륭한 사람이 못 될 거라고 생각했다. 그러나 유난히 눈이 반짝였던 알프레드 베게너는 부모의 생각이 틀렸음을 입증했다. 그는 학교를 1등으로 졸업했고 대학교에 들어가서 천문학을 공부하게 되었다(천문학이란 우주 즉 별을 연구하는 학문이다). 결국 별을 보며 보냈던 시간들은 매우 큰 도움이 되었다.(교실에서 창 밖을 보다가 선생님한테 들켰을 때 이걸 핑계로 써 보면 어떨까?)

그러나 별 세계도 모험심 가득한 베게너를 만족시켜 주지는 못했다. 그가 또 좋아했던 것은 날씨였다. 사나운 날씨일수록 더 좋았다. 1906년 그는 바람을 공부하러 그린란드로 떠났다. 여러분은 그런 여행에 별로 관심이 없겠지만 베게너는 얼마나 좋아했는지 1912년과 1929년, 그리고 1930년에 다시 그곳으로 갔다. 그리고 여행을 하지 않을 때는 대학교에서 기상학(기상학이란 물론 날씨를 연구하는 학문이지)과 지리학을 가르쳤다. 그렇다, 베게너는 정말 잘난 친구였다.

그러나 베게너가 바쁘게 학생들을 가르치고 있을 때에도 그 머릿속엔 계속 다른 생각이 맴돌고 있었다.(혹시 여러분 지리 선생님도 그러지 않을까?) 그는 지구가 어떻게 움직이는지 더 많은 것을 알아내고 싶어서 안달이었다. 밤이 되면 그는 서둘러 집으로 돌아가서 지구의 활동에 대한 자신의 생각을 공책에 써내려가곤 했다. 그의 노트는 아마 이런 내용이었을 것이다……

나의 (일급) 비밀 공책
알프레드 베게너 씀

1910년 어느 날

굉장히 떨린다. 가슴이 터져 버릴 것만 같다. 아주 기가 막힌 아이디어가 떠오른 것이다. 사실 이 문제가 몇 주 동안이 끈질기게 나를 물고 늘어지고 있었다. 모든 것은 이렇게 시작되었다. 그린란드가 지도에서 어디에 있는지 학생들에게 보여 주고 있을 때였다.(그러면서 그들은 스스로를 지리학자라고 한다!) 어쨌든, 나는 문득 이상한 것을 발견했다. 남아메리카의 동부 해안의 윤곽선이 아프리카 서부 해안의 윤곽선과 아주 꼭 들어맞는 것처럼 보였던 것이다. 마치 거대한 퍼즐의 두 조각처럼! 어떻게 그런 일이 가능할까? 나는 지레 흥분하기에 앞서 신문을 찢어서 내 생각을 시험해 볼 생각이다.(아직까지는 이 얘기를 아무한테도 하지 않기로 했다. 혹시 틀릴 수도 있으니까.)

다음 날

맞았다! 맞았어! 어제 말한 대로 나는 신문을 찢어 보았다. 결과는 어떻게 되었을까? 두 조각은 완벽하게 들어맞았다. 정말 놀라운 일이다. 이은 부분을 알아볼 수 없을 정도로 꼭 맞았다. 그러나 아직 할 일이 많이 남았다. 그러니까, 만약에 두 대륙이 한때 맞닿아 있었다면, 도대체 어떻게 해서 그처럼 멀리 떨어지게 되었을까? 빨리 그 문제를 멋지게 풀고 싶다.

얼마 후

드디어 해냈다! 이번에는 진짜로 해낸 것 같다! 감히 말하지만 이것은 천지를 뒤흔들만한 발견이다. 그런데, 어떻게 이런 생각을 하게 됐는지 배경을 말하자면, 지난번 그린란드에 갔다가 거대한 빙산이 바다로 떠내려가는 것을 보았다. 정말 굉장한 빙산이었다. 그러나 이것은 전혀 다른 얘기이다.(그림을 잘 못 그려서 미안.)

1. 약 2억 년 전, 모든 대륙(아프리카와 남아메리카를 포함해)은 하나의 거대한 땅덩어리를 이루고 있었다. 나는 그것을 판게아라고 부르겠다. 고대 그리스어로 '모든 땅'을 뜻하는 말이니까. 그것은 하나의 큰 바다로 둘러싸여 있었을 것이다.

2. 약 1억 5천만 년 전, 판게아는 두 조각으로 갈라졌다.

3. 그 후 그 두 조각은 다시 여러 개의 작은 조각으로 갈라졌고 아주 천천히, 조금씩 멀어지기 시작했다. 수백 수천만 년이 흐른 후 이 땅조각들은 오늘날과 같은 대륙(아프리카와 남아메리카를 비롯한)이 되었다. 어때, 정말 기막히지?

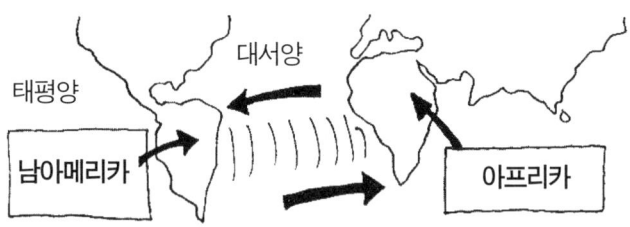

참고 : 나의 새 이론은 대륙이 떠다닌다는 뜻으로 '대륙이동설'로 이름지었다. 뭐 재미없는 제목인 건 알지만 지금으로선 그게 나을 것 같다. 하지만 골치 아프게도, 나는 지금까지도, 무엇이 대륙을 이동시키는지 정확히 설명해내지 못했다. 하지만 괜찮다. 이제 또 멋진 빙산을 보면 뭔가 떠오를지 모른다.

2년 후

 그 동안 내 이론에 관해 여기저기 설명하느라 너무 바빴기 때문에 일기를 쓸 시간이 전혀 없었다. 이렇게 정신 없이 지낼 줄 알았다면 한눈 팔지 않고 가르치는 일에만 열중할걸. 사실 내 이론을 열심히 설명하느라 있는 힘이 다 빠졌다. 그런데 아무도 내 말을 믿지 않는다. 단 한 명도. 그들은 내가 그 모든 걸 지어냈으며 모든 것이 우연의 일치라고 한다. 흥! 두고 보라지. 내가 옳다는 걸 증명하고 말겠다. 설사 그러다가 죽는다 해도 말이다. 게다가 그걸 증명하는 건 문제도 아니라고. 들어볼래?

 나의 증거

1. 메소사우루스는 3억 년 전쯤에 살던 고대 파충류이다. 지금은 멸종하고 없는 이 동물은 오직 아프리카와 남아메리카에서 화석으로만 발견된다.
결국 이것은 이 두 대륙이 한때 붙어 있다가 나중에 떨어졌다는 사실을 말해 주는 것이다. 그렇지 않다면 어떻게 똑같은 종류의 파충류 화석이 바다 건너 수천 킬로미터 떨어진 두 곳에서 발견되겠는가?

이야, 아프리카에 사는 사촌에게 엽서가 왔네

2. 이것은 암석에서도 마찬가지이다. 똑같은 암석들이 아프리카와 남아메리카에서 발견된다. 이 암석들은 똑같은 시대, 똑같은 유형의 것이다. 그리고 세계 다른 어느 곳에서도 그런 암석은 없다.

3. 날씨는 또 하나의 결정적인 단서이다. 석탄은 수백만 년 전에 형성되었다. 날씨가 따뜻하고 습할 때만. 그렇다면 남극엔 석탄이 없어야 하겠지만, 천만에! 틀렸다. 남극에서 발견된 석탄은 그곳이 한때 따끈따끈 뜨뜻했음을 증명해 준다. 다시 말해 남극은 지금의 위치에는 '아예' 있지도 않았다는 얘기다. 그 반대의 일도 생각할 수 있다. 아프리카와 남아메리카에서 발견되는 일부 암석에는 고대 빙하들이 오래 전에 스치면서 생긴 자국이 많다. 그러니까 한때 이 두 대륙은 오늘날보다 남극에 훨씬 더 가까웠다는 얘기이다.

가슴 아픈 이야기

안타깝게도 그가 말한 일은 그대로 벌어졌다. 1915년, 알프레드 베게너는 자신의 주장을 〈대륙과 대양의 기원〉이라는 책으로 써냈다. 당시의 과학계는 보수적이었고, 이 책은 일대 폭풍을 일으켰다. 그러나 아무도, 단 한마디도 믿지 않았다(제목이 아주 따분하잖아). 수많은 일류 지질학자들(이들은 암석을 연구하는 지리학자들이다)은 그의 이론을 엉터리로 여겼다. 그 중 한 사람은 "빌어먹을, 완전 헛소리야!"라고 했다. 또 한 사람은 알프레드가 "우리 지구에 관해 멋대로 말하고 있다"고 했다.(솔직히 말하자면 그들은 자신들이 그 생각을 못 해낸 것이 배 아팠을지도 모른다.) 그러나 베게너에게 가장 큰 문제는 그 대륙들을 떠다니게 한 것이 무엇인지 아직 밝혀내지 못했다는 사실이었다. 혹시 그가 과학자들의 반응에 발끈 화를 내고 무시해 버렸다면 그걸 증명할 수 있었을지도 모른다. 그러나 크게 실망한 알프레드 베게너는 1930년, 그린란드를 향해 떠났다. 그리고 다시는 나타나지 않았다…….

　다시 말해서 그가 죽은 후에야 마침내 과학자들은 그의 이론을 믿게 되었다는 얘기다. 베게너가 죽고 그의 대륙이동설은 사람들의 기억에서 까맣게 잊혀졌다. 그 후 1960년대에 이르러서야 해양학자들이 베게너의 주장을 증명할 굉장한 것을 발견했다. 이들은 바다 밑바닥의 일부분이 갈라지고 있으며, 그 틈새로 시뻘건 용암이 흘러 나오는 것을 발견했다. 그 뜨거운 용암은 차가운 바닷물에 닿아 식으면서 단단하게 굳어 바다 밑에서 거대한 산맥과 화산을 만들고 있었다. 다시 말해서 바다 밑바닥, 즉 해양저가 점점 넓어지고 있었다.
　그렇다면 해저가 넓어지고 있는데 지구는 왜 더 커지지 않는 걸까? 나머지 바위들은 다 어디로 가는 걸까? 과학자들은 곧 답을 알아냈다. 다른 곳에서, 해저의 어느 한쪽이 다른 한쪽 밑으로 밀려들어가는 것을 발견한 것이다. 그리고 그 바위들은 다시 녹아서 지구 안으로 들어가고 있었다. 이건 또 무슨 얘기일까? 정확히 바다 밑이 넓어진 만큼, 암석층이 녹아 균형을 맞추고 있다. 다시 말해 지구의 크기는 항상 똑같다. 해저와 대륙은 지구를 둘러싼 단단하고 견고한 층을 이루고 있는데 이것을 지구의 껍질, 즉 지각이라고 한다. 어느 한쪽이 움직이면 나머지를 밀어내게 된다. 마치 거대한 컨베이어 벨트 위에 있는 것처럼. 그래서 해저가 움직이고 있다면 대륙 역시 움직이고 있다는 말이다.

베게너의 말은 모두 옳았다. 대륙은 실제로 움직이고 있다.

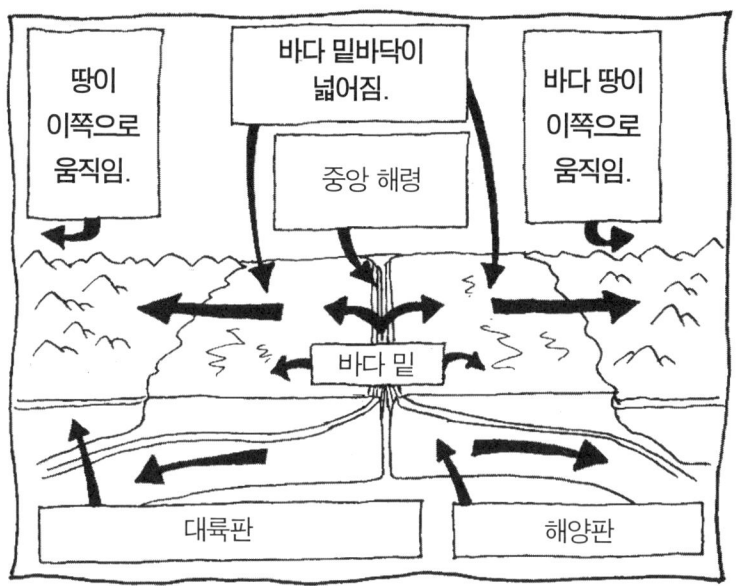

도대체 지진이란 뭘까?

그래, 여러분은 이렇게 말하겠지. 도대체 이것이 지진과 무슨 상관이냐고. 현대 지리학자들이 발견해낸 사실 몇 가지를 더 들어 보도록.

- 지구의 표면(다시 말해 지각)은 '판'이라고 하는 7개의 거대한 조각으로 갈라져 있다.(물론 작은 판들도 많다.) 아래 그림을 보면 쉽게 알 수 있다.

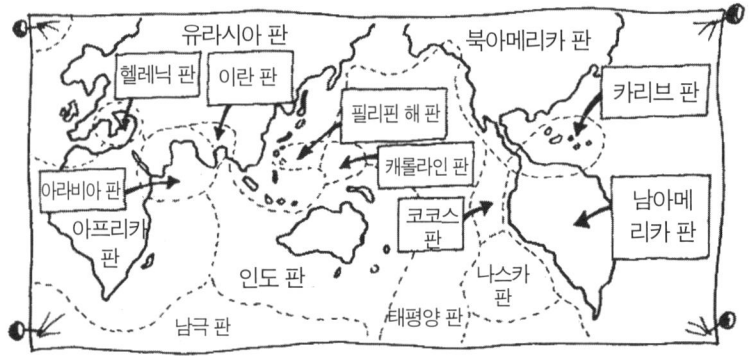

- 이 판은 영어로는 플레이트(Plate)라고 하는데 접시라는 뜻도 있다. 헷갈리지 말도록. 판은 단단한 암석판을 말하며 뜨겁고 물렁물렁한 암석(이것을 맨틀이라고 한다)의 꼭대기 층에 떠 있는 것이다. 마치 물렁물렁한 찰흙 위에 놓은 진짜 접시를 붙인 것처럼.

- 지구의 중심(이건 핵이라고 한다)에서 나오는 열 때문에 암석판은 계속 움직인다.(바로 불쌍한 베게너를 난처하게 만들었던 문제. 기억나지?) 지구 표면에서는 이런 층을 다 볼 수가 없다. 그래서 아주 흥미로운 엑스선 사진을 준비했지.

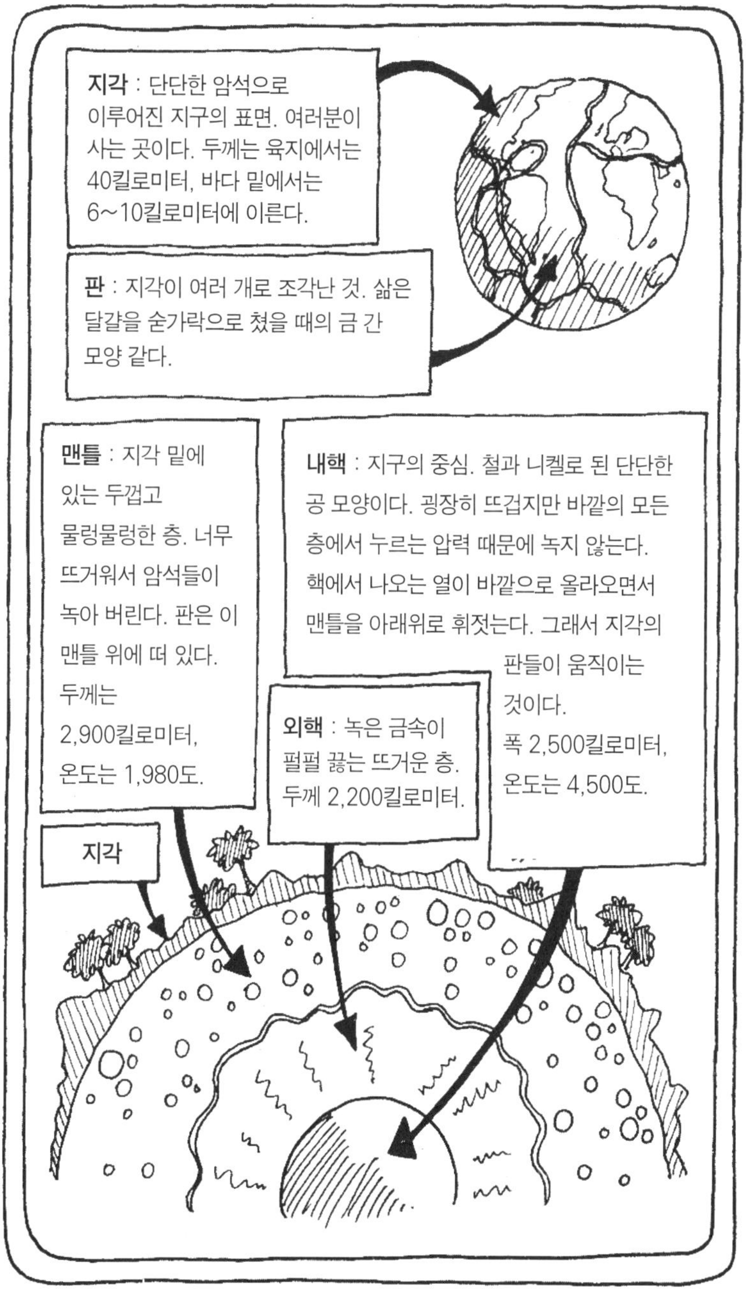

지각 : 단단한 암석으로 이루어진 지구의 표면. 여러분이 사는 곳이다. 두께는 육지에서는 40킬로미터, 바다 밑에서는 6~10킬로미터에 이른다.

판 : 지각이 여러 개로 조각난 것. 삶은 달걀을 숟가락으로 쳤을 때의 금 간 모양 같다.

맨틀 : 지각 밑에 있는 두껍고 물렁물렁한 층. 너무 뜨거워서 암석들이 녹아 버린다. 판은 이 맨틀 위에 떠 있다. 두께는 2,900킬로미터, 온도는 1,980도.

내핵 : 지구의 중심. 철과 니켈로 된 단단한 공 모양이다. 굉장히 뜨겁지만 바깥의 모든 층에서 누르는 압력 때문에 녹지 않는다. 핵에서 나오는 열이 바깥으로 올라오면서 맨틀을 아래위로 휘젓는다. 그래서 지각의 판들이 움직이는 것이다. 폭 2,500킬로미터, 온도는 4,500도.

외핵 : 녹은 금속이 펄펄 끓는 뜨거운 층. 두께 2,200킬로미터.

지각

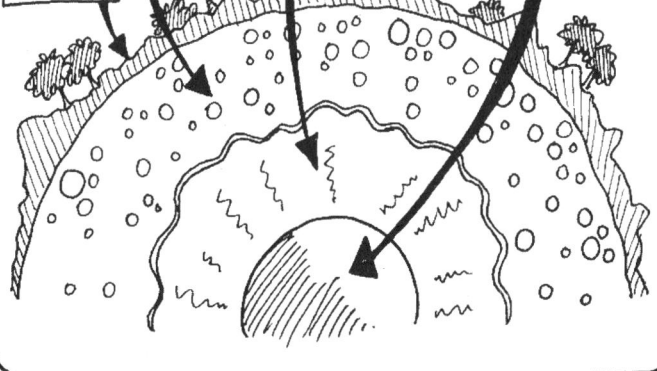

- 조각난 판들은 항상 움직이고 있다. 바로 여러분 발 밑에서. 하지만 다행인 것은 판은 아주아주 천천히 움직이기 때문에 우리에게는 전혀 느껴지지 않는다.

 만약 판이 좀더 빨리 움직인다면 학교 가는 길이 아주 재미있어질 것이다. 생각해 봐, 아무리 가도 절대 학교에 도착할 수 없을지 모른다니까!

- 판들은 계속 떠다니면서 때로는 다른 판의 앞에 끼어들기도 한다.

 놀이공원에 있는 범퍼 카와 비슷하다. 다른 차를 지나 어떻게든 앞으로 나가려 하다가 서로 부딪치고 긁히고, 결국 어쩔 수 없이 어느 한 사람이 비켜 줘야 한다. 판들도 비슷하다. 판끼리 서로를 밀고 젖히고 씨름하다 완전히 옴짝달싹 못 하게 되어 버린다.(집에서 두 장의 사포를 가지고 직접 실험해 보자. 거칠거칠한 면을 맞대고 손으로 서로 밀면서 지나가도록 해 본다. 성공했는지?)

아주 오랜 세월이 흐르면 압력이 점점 높아져서 아래쪽의 암석들은 굉장한 스트레스를 받게 된다. 때로는 어떤 것들은 깨지기도 한다. 그러다 갑자기, 이 판들이 쩍 갈라지고 땅이 격렬하게 흔들린다. 바로 이렇게 해서 지진이 일어나는 것이다.

무엇이 다를까?

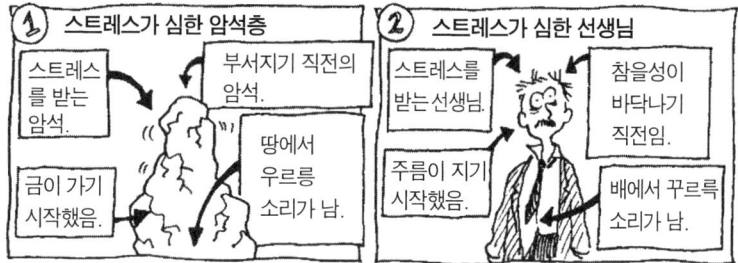

요건 몰랐을걸!

여러분이 사는 곳이 달이 아니라는 사실을 천만다행으로 알아야 한다. 1969년과 1977년 사이에 지진계*에 감지된 달 지진은 1년에 약 3천 번을 기록했다. 대부분의 지진은 달 표면에 날아와서 부딪힌 운석(거대한 우주 암석 덩어리를 말한다) 때문에 일어난 것이었다. 그런데 어떻게 해서 지진계가 달까지 갔는지 궁금하다고? 그거야 달에 착륙했던 우주 비행사들이 장치해 놓은 것이지.

우르쾅쾅 지진 퀴즈

여러분이 알고 있는 지진 상식은 뽐낼 만한지? 충격적일 만큼 많이 아는지 아니면 금세 무너질 만큼 허술한지? 다음의 우르쾅쾅 지진 퀴즈로 알아보자. 여러분의 성적이 우르쾅쾅 교실을 들썩일 만큼 대단하다면(히히!) 지리 선생님에게도 문제를 내보자. 선생님은 충격으로 부들부들 떠실걸.

1. 지구에서 약한 지진은 1년에 몇 번 정도 일어날까?
a) 1백 번 정도
b) 적어도 1백만 번 정도
c) 10번 정도

2. 가장 긴 지진은 얼마 동안 계속되었을까?
a) 4분
b) 1시간
c) 30초

3. 역사상 최악의 지진은 어디에서 일어났을까?
a) 일본   b) 중국   c) 이탈리아

4. 지진의 흔들림은 어느 정도 거리까지 느낄 수 있을까?
a) 옆 마을   b) 옆 나라   c) 옆 대륙

5. 우리 나라에는 지진이 얼마나 자주 일어날까?
a) 절대 안 일어난다.
b) 1년에 한두 번 일어난다.
c) 생각보다 자주 일어난다.

정답 :

1. b) 믿기 힘들겠지만 해마다 지구에는 1백만 번 정도의 작은 지진이 일어난다. 다시 말해서 30초에 한 번 꼴이다. 다행히 대부분의 지진은 별로 세지 않아서 찻잔이 달그락거리지는 않는다. 그중 물건을 흔들 만큼 센 것은 1백 개 정도이다. 진짜 땅이 흔들릴 정도의 지진은 7~11번 정도 일어난다.

2. a) 1964년 3월 알래스카를 덮쳤던 무시무시한 지진은 자그마치 4분 동안이나 계속되었다. 그 정도의 시간이면 여러분은 학교에서 돌아와서 캔 음료수 하나를 집어 들고 텔레비전을 켠 뒤 편안한 안락의자로 몸을 던질 수 있다. 사실 긴 시간도 아니다. 그러나 이 끔찍한 시련을 겪어야 했던 사람들에게는 그 시간이 평생처럼 느껴졌을걸. 게다가 그 지진은 역사상 가장 강한 지진 가운데 하나였다. 보통 지진이 지속되는 시간은

1분도 채 안 된다. 음료수 캔 뚜껑을 딸 때쯤이면 흔들림은 지나간다. 그러나 지진이 일어날 때는 1분이 안 된다 해도 매우 긴 시간이다.

3. b) 불행한 일이지만 지진은 종종 사망자 수를 근거로 평가된다. 대규모 지진은 무지막지한 살인자가 될 수도 있다는 얘기다. 전문가들은 1556년 1월 중국의 산시를 강타한 지진으로 83만 명이 죽었을 것으로 추정했다. 역사상 최악의 지진이다. 절벽의 동굴에 살던 많은 사람들이 동굴이 무너지는 바람에 죽었다. 최근에 일어난 최악의 지진은 1976년 7월 중국의 탕산에서 일어났다. 이 지진으로 도시는 쑥대밭이 되어 버렸으며 약 50만 명의 사람들이 목숨을 잃었다. 다친 사람은 1백만 명이 넘었다.

4. c) 1755년 포르투갈 리스본을 강타한 거대한 지진은 유럽 역사상 최악의 지진으로 꼽힌다. 이 지진으로 인한 진동은 멀리는 함부르크와 심지어는 2,500킬로미터 떨어진 세네갈 서쪽 해상의 섬나라인 카보베르데에서도 느낄 수 있었다고 한다. 이 진동은 6~7분 동안 계속되었는데 이것은 지진으로 따지면 상당히 오래 흔든 셈이다!

5. c) 캘리포니아나 일본에 사는 사람이면 거의 지진을 겪어 보았을 것이다(왜 그런지 궁금하다면 다음 장에서 확인해 보도록). 그러나 우리 나라도 지진에서 아주 안전한 곳은 아니다. 믿지 못하겠지만 우리 나라에도 해마다 10~30번 정도의 지진이 일어난다. 다행히 그중 대부분은 아주 희미해서 느끼지 못한다. 그렇다고 모두 다 그런 건 아니다. 1996년 12월 13일에 있었던 영월 지진은 규모 4.5의 중간 정도 지진이었으나 우리 나라 전역이 흔들린 경우였다. 영월과 정선에서는 창문이 심하게 흔들리고 선반에 놓았던 그릇이 떨어졌다. 앗, 머리 조심! 사람들은 크게 놀라 밖으로 뛰어나갔고 외벽 타일이 떨어지거나 담장이 무너진 곳도 있었으나 다행히 죽은 사람은 없었다. 한편 우리 나라처럼 지진과 관계없을 것으로 보이는 영국에서도 해마다 3백 번 정도의 지진이 일어난다. 1996년 슈롭셔에 지진이 일어났을 때는 아무도 다치지 않았지만 햄스터 한 마리가 우리에서 튕겨나왔다. 불쌍한 것!

오싹오싹 생명의 경고

지진은 여러분의 신상에 심각한 해를 끼칠 수도 있다. 20세기 동안 지진이 일어난 시간을 모두 합쳐도 1시간도 못 되지만 살인마 같은 지진은 2백만 명이 넘은 목숨을 앗아갔다. 그렇다고 겁먹지는 말 것. 지진보다는 독감으로 죽을 확률이 훨씬 더 높으니까. 그래도 걱정된다고? 나뭇잎처럼 바들바들 떨면서 앉아 있기보다는 서둘러 다음 장으로 넘어가는 게 어떨까? 어떤 곳에 가지 않는 게 좋은지, 다음 장에서 지진이 일어나기 쉬운 곳을 말해 줄 테니까.

단층이 뭐지?

확실히 다른 곳보다 더 피하고 싶은 장소들이 있다. 여러분의 지리 수업 시간이 바로 그런 예가 아닐까? 교실 문 뒤에 도사리고 있는 그 무시무시한 것들을 생각해 보자. 지리 교과서, 지리 시간, 게다가 지리 선생님까지. 끔찍하다.

이번에는 방학을 떠올려보자. 여러분은 따뜻하고 파란 바닷물에서 놀다가 모래사장에서 쉬고 있다.(여러분은 어느 곳이 더 좋은지?) 심한 스트레스를 받고 있는 지구에게는 둘 다 똑같다.

그런데 어떤 곳은 지진이 일어나는 법이 거의 없다. 어떤 진동도 그저 스쳐가는 정도로 그친다. 어떤 곳들은 자주 땅이 흔들린다.

단 몇 초만에 살인적인 지진이 지나가기도 한다. 그렇다면 지진이 일어나기 쉬운 곳은 어디일까?

알기 쉬운 지진 설명

지구의 딱딱한 껍질인 지각이 어떻게 여러 조각의 판으로 갈라졌는지 기억하는지?

그렇다면 지구에서 가장 흔들리기 쉬운 곳은 두 개의 판이 서로 만나서 밀치는 곳이라는 걸 알 것이다. 사실 모든 지진의 95%는 그렇게 일어난다.

여러분이 알고 있는 지진의 유형들은 그 판들이 정확히 어떻게 움직이느냐에 따라 달라진다. 머리가 지끈지끈 아파온다고? 걱정하지 마. 우리의 지진학자 시드가 알기 쉽게 지진을 설명해 줄 테니까.

안녕, 시드야. 지진을 이해하는 건 아주 간단해. 일단 여러분이 판 위에 있다는 건 알고 있지? 두 개의 단단한 판이 만나는 곳에선 이런 일이 벌어지는데……

1. 서로 멀어진다

어떤 곳에서는 두 개의 판이 서로 멀어진다. 지구의 맨틀에서 시뻘겋고 뜨거운 물이 새어나와 그 틈새를 메운다. 이렇게 두 판이 점점 멀어지면서 수많은 꼬마 지진들을 일으킨다. 이런 것을 '해진'이라고 부르기도 한다(그게 실은 바다 밑바닥에서 일어나거든).

이런 지진은 흔히 육지에서 멀리 떨어진 해저에서 일어난다. 그래서 여러분한테 거의 해를 끼치지 않는다. 물론 공교롭게도 그때 낚시만 하지 않는다면 말이지…….

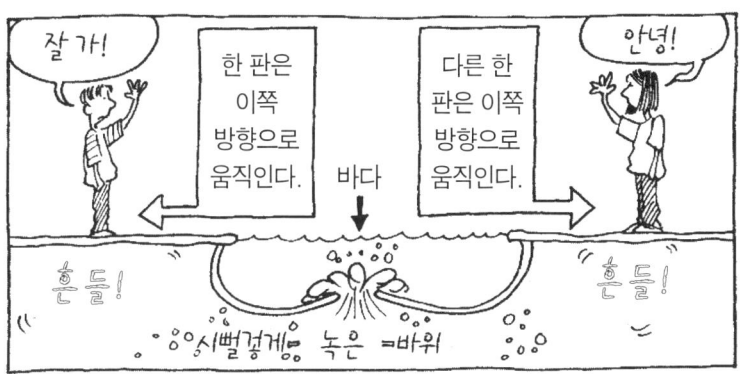

2. 밑으로 들어간다

어떤 곳에서는 두 개의 판이 정면으로 부딪치면서 거대한 충돌을 일으킨다. 한 판이 다른 판의 밑으로 밀고 들어가면서 그 판의 바위들이 다시 녹게 된다. 혹시나 그런 해변에서 방학을 보낼 계획이라면 조심하도록. 서서히, 그렇지만 분명히 해양판이 땅 밑으로 가라앉고 있기 때문이다. 이런 작용은 최악의 지진을 일으킨다.

3. 미끄러져 스친다

어떤 곳에서는 두 개의 판이 서로 부딪쳐서 다른 판을 떠밀고 지나가려고 힘쓴다. 만약 두 판이 살짝살짝 부드럽게 미끄러진다면 수많은 작은 지진이 생긴다. 이런 지진은 걱정할 만큼 크

지도 않고 그리 큰 피해를 주지 않는다. 그러나 한 판이 갑자기 비켜난다면 조심해야 한다. 진짜로 땅이 흔들리면서 큰일 날 수 있거든.

요건 몰랐을걸!

짜릿짜릿 위험한 삶을 즐기고 싶다면 배를 타고 태평양으로 나가 보면 어떨까? 그곳은 아름답고 따뜻하며 푸른 바다가 펼쳐진 곳이다. 게다가 그 바다 깊은 곳엔 무시무시한 위험이 도사리고 있거든. 태평양 가장자리에 있는 땅은 지구상에서 가장 심하게 흔들리는 곳이다. 거대한 해저가 육지 밑으로 가라앉으면서 어마어마한 지진을 일으키는 곳이 바로 여기다. 사실 모든 지진의 3분의 1이 여기서 일어난다. 그래도 갈래?

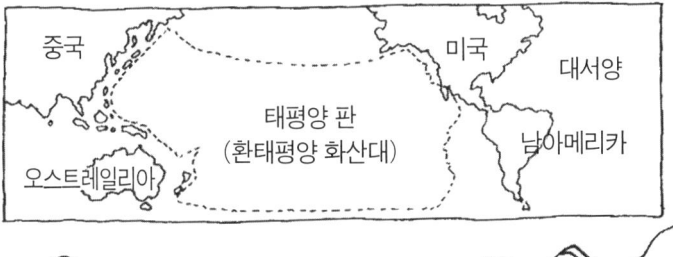

선생님 질문이요

선생님에게 충격을 주고 싶은 사람은 정중하게 손을 들고 별거 아닌 것 같은 다음의 질문을 해 볼 것.

너무 얼토당토않은 질문이었나?

> **윤담**: 아니, 그렇지 않아. 1811년에서 1812년 사이에 역사 상 최악의 지진 세 개가 미국 미주리 강 골짜기에서 일어났어. 지진은 1,600킬로미터 떨어진 곳에서까지 감지되었다. 이 지진에 관한 책을 쓴 사람이 있는데, 그의 이야기에 따르면 이 지진으로 후 지 땅 전체가 뒤집어져 강이 잠깐 반대 방향으로 흐르기 시작했다고 한다. 물론, 놀란 물고기들은 예외지.

놀란 것은 물고기들만이 아니었어. 그 지진으로 많은 사람들이 기가 막혀 버렸지. 사실 미주리 주는 지진이 절대 일어나지 않을 곳으로 여겼지. 그곳의 위치는 판의 가장자리가 아니었으니까. 오늘날 지진학자들은 지진의 5% 정도는 판의 한가운데서 일어난다고 보고 있고, 아마 고대에 있었던 지진들로 생긴 틈새를 따라서 일어난다고 추측하고 있어. 그런데 문제는 그 틈새가 어디 있는지 모른다는 거지.

단층 찾기
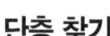

여러분의 지리 선생님이 교사 휴게실에서 차를 마시고 있을 때, 휴게실 문을 두드린다. 그리고 이런 핑계를 댄다.

"선생님, 저는 이담에 커서 지진학자가 되고 싶어요. 그런데 지리 점수가 반드시 좋아야 하나요?"

선생님이 대답하시는 동안, 선생님이 사용하시는 찻잔을 자세히 훔쳐본다. 혹시 그 찻잔에 심하게 금이 가 있지는 않은지?

손가락으로 가볍게 한 번 치면 산산조각 나지는 않을까?(남은 학년 내내 남들보다 숙제를 더 많이 하고 싶다면 그렇게 해 볼 것.)

우습게도 심한 스트레스를 받고 있는 지구는 선생님의 낡은 찻잔과 비슷한 점이 있다. 뭐가 비슷하냐고? 우선 지구 표면 여기저기에 셀 수 없이 많은 금이 가 있다는 거지.

가장 심하게 금이 간 곳은 바로 두 개의 판이 만나는 곳이다. 물론 지루한 지리학자들은 그것을 금이라고 하지 않는다. 지리학자들은 훨씬 더 따분한 말을 생각해냈다. 결코 쉽지 않은 그 전문 용어는 '단층'이다.

하지만 키다리 고층 건물과 비교되는 난쟁이 단층 건물을 말할 때의 단층이 아니다. 암석층이 이어지지 않고 잘렸다는 뜻으로 단층이라고 하는 것이다. 이 단층은 선생님 찻잔에 생긴 금처럼 지구의 껍질 가운데 약한 부분이다. 압력이 쌓이고 쌓여 이 단층이 갑자기 움직이기 때문에 땅을 뒤흔드는 지진이 일어나는 것이다.

지리학자들은 암석층이 움직이는 유형에 따라 단층을 세 가지로 구분한다. 이 변덕스러운 단층들을 구분하는 방식에 관해 시드가 중요한 정보를 말해 줄 것이다.

시드의 지진 공책

1. **정단층** 두 개의 지각판이 줄다리기하듯 당기면서 멀어지는 곳이므로 조심해야 한다. 그럼에도 나와 있지만 한쪽의 판이 미끄러지면서 다른 판보다 밑으로 내려간다.

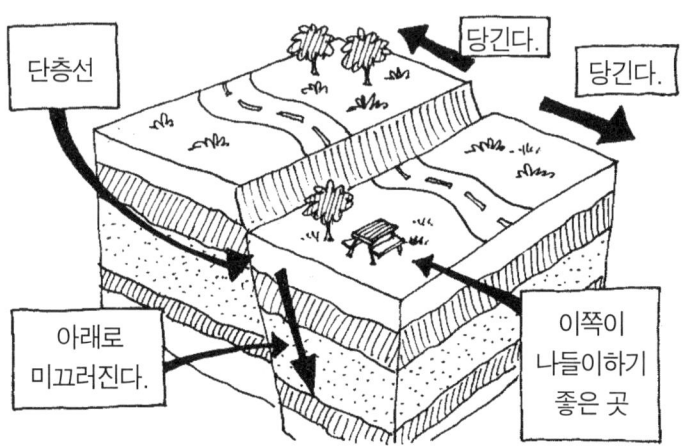

2. **역단층** 이번에는 두 개의 판이 서로 밀고 있다. 한 판이 다른 판 위로 미끄러지면서 올라가기 시작하면 그걸 분명히 알 수 있다.

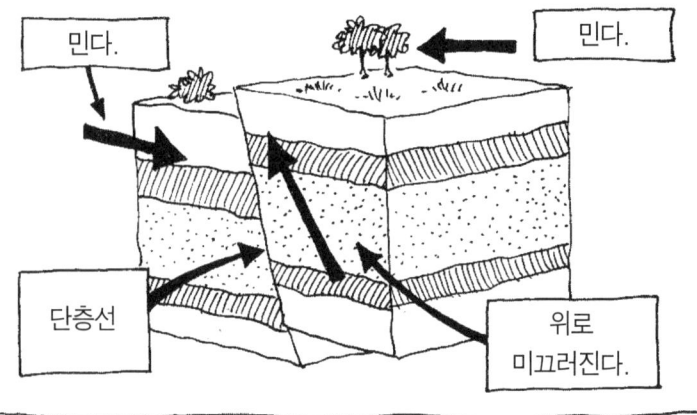

3. **주향이동단층** 두 개의 판이 반대 방향으로 미끄러지면서 스치는 곳을 말한다. 하나는 이쪽으로 다른 하나는 저쪽으로, 서로 정반대의 방향으로 미끄러진다. 아주 잘 미끄러진다. 그 만큼 조심해야 할 녀석들이다. 다시 말해서 한때 이어져 있던 울타리나 길이 어긋나게 된다는 얘기다.

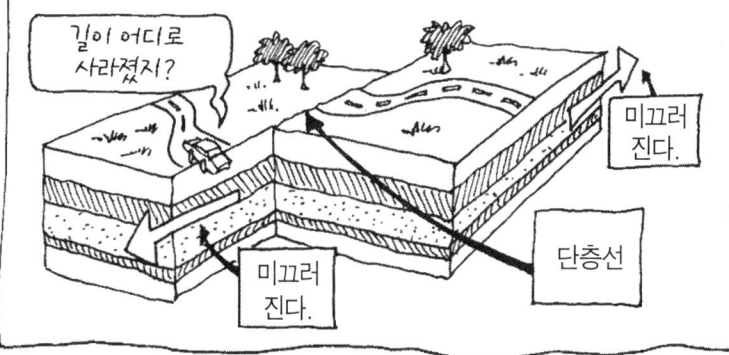

단층을 가를 만큼 용감한 사람?

주향이동단층이 어떻게 움직이는지 좀더 알아보기 위해서 다음의 맛있는 실험을 해 볼까? 어서 해 보자구. 누워서 떡 먹기, 아니 케이크 먹기니까.

준비물

- 케이크 한 개(이것을 지각이라고 생각하자).

주의 : 케이크 사이사이에 잼이나 크림이 발라져 있는 여러 층으로 된 케이크가 가장 좋다.

지각 역시 여러 개의 암석층으로 되

어 있으니까 비교하기가 좋거든.
게다가 맛있기도 하고.
- 칼 한 개.(칼을 쓸 때는 항상 조심하도록.)

실험 방법

1. 케이크의 한가운데를 잘라 두 조각으로 나눈다.
2. 커다란 두 조각을 서로 붙여놓는다.
3. 한 조각은 여러분 쪽으로 당기고 다른 조각은 반대 방향으로 민다. 자른 면이 뭉개질 것이다. 축하한다! 여러분은 방금 주향이동단층이 어떻게 작용하는지 시범을 보인 것이다(거의 그런 셈이다). 간단하지?
4. 이제 케이크를 먹는다. 맛있네!

덧붙이는 말 : 다른 두 가지 유형의 단층에도 이런 실험을 해 볼 수 있다.
　하지만 그 많은 케이크를 다 먹고 나서 속이 느글거린다고 해서 나를 탓하지는 말 것. 만약 그렇다면 그건 여러분 탓이니까.

단층에 관한 놀라운 사실들

 1. 지구상에서 가장 유명한 단층은 미국의 화창한 캘리포니아 주를 구불구불 가로지르고 있다. 여기서 지구는 말 그대로 김밥 터지듯 속까지 쩍 갈라져 있다.

 심하게 갈라진 이 균열은 '산안드레아스 단층'이라고 하며 언제 캘리포니아를 통째로 뒤흔들지 모른다.

 2. 공중에서 보면 이 단층은 이곳의 풍경 위로 쭈욱 그어내린 무시무시한 흉터처럼 보인다.

 약 1천 5백만 년에서 2천만 년 전에 생긴 이 단층은 길이가 1,050킬로미터이며, 이 단층을 중심으로 사이사이에 작은 단층들이 나 있다.

 캘리포니아 사람들이 그 영향을 느끼는 것은 당연한 일. 이곳에서는 해마다 2만 번 이상의 작은 지진이 일어난다.

 3. 변덕스러운 산안드레아스 단층은 동쪽의 북아메리카 판과 서쪽의 태평양 판이 만나는 곳에 생긴 것이다. 이것은 주향이동 단층이므로(벌써 잊어버리진 않았겠지?) 두 개의 판이 서로 미끄러져 지나간다.

 사실 이 두 개의 판은 같은 방향으로 미끄러지고 있다. 그러나 태평양 판이 북아메리카 판보다 훨씬 더 빨리 움직이므로 마치 서로 다른 방향으로 끌어당기는 것처럼 보이는 것이다.

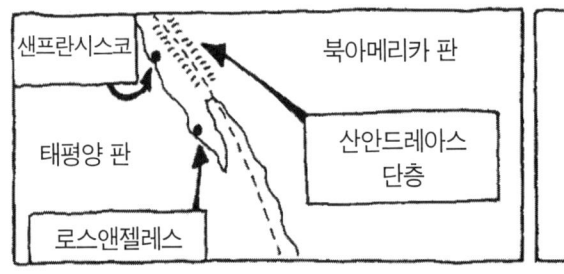

4. 그러나 대부분의 경우 이 판들은 부드럽게 미끄러지며 아주 작은 진동을 일으킬 뿐이다. 섬뜩한 지리학자들은 이것이 느린 단층 이동이라고 한다.

그러나 때로는 두 개의 판이 심하게 서로 밀치기도 한다. 그러면 압력이 서서히 늘어나고 늘어나고, 쌓이고 쌓이다가 결국 한 판이 그 압력을 못 이기게 되면 다른 판이 잽싸게 앞으로 나가게 된다.

5. 여러분은 이렇게 생각할지도 모른다. 제정신이 있는 사람이면 훨씬 안전하고 단단한 땅으로 이사갈 거라고. 그러나 그건 틀린 생각이다. 틀려도 단단히 틀렸다. 유명한 영화 배우와 사귀는 것이 취미인 사람은 로스앤젤레스(할리우드가 있는 곳)로 가 보시라. 약 1,450만 명의 사람들이 그 도시에, 산안드레아스 단층과 아찔하도록 가까운 그곳에 살고 있다. 또 다른 대도시인 샌프란시스코는 정확하게 바로 그 위에 자리잡고 있다. 앞서 나왔던 1906년의 지진 참사를 기억하고 있겠지?

6. 지진학자들의 말에 따르면 단층에서 가장 약한 곳은 남쪽 끝과 북쪽 끝이라고 한다. 이런 곳에는 오랜 세월 차곡차곡 문제가 쌓여왔다. 그리고 언제든 그 문제가 폭발할 수 있다. 끔찍한 재앙이 일어나는 것이다. 예전에도 여러 번 그랬었다. 아찔아찔한 샌프란시스코를 다시 찾아가 볼까……

지구 일보

1989년 10월 18일, 미국 캘리포니아 주 샌프란시스코
엄청난 충격으로 휘청거리는 도시

어제 일어난 거대한 지진에 놀라 넋을 잃은 샌프란시스코 주민들은 오늘까지도 놀란 가슴을 진정시키지 못하고 있다.

이번 지진은 규모 7.1의 강진으로 1906년 대지진 이후 이 도시를 강타한 최대의 지진이었다. 샌프란시스코가 다시 한 번 송두리째 뒤흔들린 것이다.

지진은 어제 저녁 일찍, 가장 혼잡한 시간대에 도시를 강타했다. 많은 시민들은 이미 직장에서 퇴근하고 집으로 돌아가는 길이었다.

주요 도로들은 혼잡한 시간에 쏟아져 나온 차들로 만원이었다. 보도는 잡담을 나누거나 맥주 한 잔 하려고 걸음을 멈춘 사람들로 빽빽이 차 있었다.

캔들스틱 풋볼파크에서는 관중들이 들어찬 가운데 이미 경기가 시작되고 있었다. 아메리칸 베이스볼 월드 시리즈에서 샌프란시스코 자이언츠가 오클랜드와 경기를 하고 있었다.

6만 2천여 명의 팬들이 관중석을 빈틈없이 채우고 자기 팀을 응원하고 있었다. 어느 모로 보나 여느 날과 다름없는 평범

한 도시의 분주한 모습일 뿐이었다.

그런데 오후 5시 4분, 재앙이 덮쳤다. 산안드레아스 단층의 일부로, 샌프란시스코 남쪽에 있는 산타크루스 산맥이 오랜 세월에 걸친 압력을 못 이겨 갑자기 쩍 갈라지고 만 것이다.

갈라진 산

40킬로미터에 걸쳐 지구의 틈새가 벌어졌다. 그리고 불과 6초 후에 이 충격파가 샌프란시스코에 도달한 것이다.

15초 동안 이 도시는 송두리째 흔들렸다. 마치 영원처럼 느껴지는 15초였다.

불안한 출발

본지에서 입수한 보고에 따르면 사망자는 약 68명에 이르지만 그 밖에도 수천 명이 다치거나 실종되었다.

도시 곳곳에서 건물들이 쓰러지고 산산이 부서졌다. 1.5킬로미터 길이로 뻗은 이 도시의 중심 자동차 도로는 두 동강이 나서 무너졌고, 그 밑에 있던 운전자들을 덮쳤다.

시내 그 밖의 곳에서도 수많은 주택과 일터가 폐허가 되어 버렸다.

그중에서도 가장 심한 타격을 입은 곳은 샌프란시스코 만 주변으로, 이곳은 바다를 매립한 땅 위에 건설된 구역이다.

이곳의 주택과 아파트 단지들은 연약한 땅 속으로 푹 가라앉아 버렸다.

여진이 일어날 가능성이 상당히 높았으므로 시의 경찰과 구조대 대원들은 서둘러 거리에서 사람들을 대피시켰다.

이들은 모든 시민들에게 집으로 돌아가서 가스를 잠그고 (불이 날 경우에 대비해) 비상 식량과 마실 물을 비축해 두라고 충고했다.

집으로 가세요

이제 잔해 더미에서 부상자들을 구출하는 고된 임무가 본격적으로 시작되었다.

도시를 깨끗이 정리하는 것은 몇 년이 걸릴 것이다. 엉망이 되어 버린 시민들의 생활을 원상복구시키는 것은 더 많은 시간이 걸릴 것이다.

그러나 대부분의 샌프란시스코 주민들은 이번에 정말 운이 좋았다는 것을 잘 알고 있다. 지진 피해가 훨씬 더 클 수도 있었기 때문이다. 아주 심할 수도 있었다.

지진학자들은 조만간 큰 지진이 있을 것으로 예고해 왔다. 이것이 그 지진이었는지는 아무도 모른다. 훨씬 더 강력한 지진이 저만치 다가오고 있는지도 모른다. 그러나 모든 사실에도 불구하고 많은 주민들은 기꺼이 그 위험을 감수하고 있다.

한 여성에게 이제 이 도시를 떠나겠느냐고 물었더니 그녀는 이렇게 대답했다.

"제가 왜요? 여기는 내 집이에요. 어쨌든 난 이번 지진에서 살아남았구요, 안 그래요? 또 다른 지진이 닥친다 해도 살 확률이 많지 않겠어요?"

즐거운 나의 집

그것은 시간만이 대답해 줄 것이다······.

우르쾅쾅 지진 파일

위치 : 미국 샌프란시스코
날짜 : 1989년 10월 17일
시간 : 오후 5시 4분　　**지속 시간** : 15초
규모 : 7.1　　　　　　　**사망자** : 68명
충격 사실 :

- 이 도시의 초고층 건물들이 몇 미터씩 흔들거렸지만 무너지지는 않았다. 그러나 지진은 엄청난 피해를 일으켜서 피해액은 거의 6백만 달러에 이르렀다.
- 이 지진이 일어난 후 샌프란시스코 근처에서 그 해에만 7천 건 이상의 여진이 기록되었다. 그중 다섯 번은 규모 5.0 이상의 강진이었다.
- 지진의 규모는 컸지만 그에 비해 사망자 수는 많지 않았다. 이 도시의 뛰어난 구조 체제(소방서, 경찰서, 응급 구조대 등) 덕분이었다. 샌프란시스코의 구조반은 언제 지진이 일어나도 출동 준비를 할 수 있도록 훈련되어 있다. 긴급 상황을 알리는 경보음은 20초 동안 울린다. 짧은 시간이지만 구조반이 신속히 장비를 갖추기에는 충분한 시간이다.

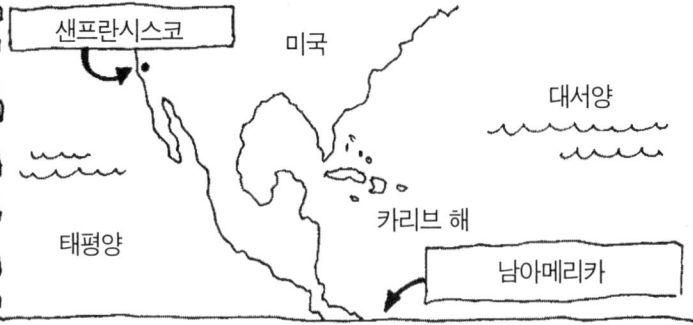

여러분은 아직도 충격에서 헤어나지 못하고 있겠지만 다음 장에 대한 경고를 꼭 들어보기를 권한다. 이 책은 처음부터 불안하게 시작되었다. 그런데 상황은 갈수록 더욱 나빠진다. 까짓거, 괜찮다고? 암, 용감한 자만이 땅이 흔들리는 이 장과 작별을 고하고 다음 장을 향해 나아갈 수 있거든.

울렁울렁 지진파

다른 장면을 상상해 보자. 이번에는 여러분 집의 침대 위가 아닌 다른 곳이다. 여러분은 교실에 앉아 있다. 잠깐 틈나는 사이에 또 한 번 선생님 몰래 졸기를 시도한다.

갑자기, 지구가 흔들리기 시작한다. 여러분은 흠칫하며 일어난다. 창문이 달그락거리고 이가 딱딱 부딪치고 책과 연필들이 사방을 날아다닌다.

이건 대체 무슨 날벼락이람? 걱정 마시라. 여러분은 지진이 일어난 것처럼 느껴질 수도 있겠지만 고맙게도 지진은 아니다. 지리 선생님이 화가 폭발하신 것뿐이니까.

실제로 일어나는 지진은 이보다는 백만 배는 더 아찔하다.(여러분이 상상할 수 있을지 모르지만.) 그리고 믿기지 않겠지만 그 파괴와 대혼란은 한 무리의 물결 때문이다.

지진파란 무엇일까?

물결이라고 해서 바다에 찰싹거리는 파도를 상상했다면 틀렸다. 해수욕을 즐기는 여러분을 삼켜 버리거나 카누를 뒤집어 버리는 그런 파도가 아니다. 이 파도는 물로 된 것도 아니고 바람에 밀려오는 것도 아니다. 아리송하지? 우리의 전문가 시드를 부를 때가 됐군.

"세상에 파도가 물로 되어 있지 않다니, 그런 게 어디 있어요?"

"그건 거대한 에너지의 파도란다. 어려워하지 마, 내가 설명해 줄게. 오랜 세월 동안 암석층에 계속해서 압력이 쌓이다가 어느 날, 더 이상 못 견디고 팍 폭발할 때가 있단다. 말하자면 거대한 파티용 폭죽과 같지. 그렇게 되면 억눌렸던 그 에너지들은 다 어디로 갈까? 주변을 둘러싼 암석을 통해 거대한 파도처럼 물결치면서 퍼져나가지. 이런 파도는 우리 눈에는 보이지 않아. 사실 그런 파도를 느낄 수도 없어. 그런데 이 파도가 지구 표면을 치게 되면 지구가 심하게 흔들리는 거란다."

"신기하네요. 그 울렁울렁 파도에 대해 좀더 설명해 주세요."

"우선 이런 파도에는 몇 가지 종류가 있어. 지리학자들은 이런 파도를 발견하고서는 몹시 흥분해서, 무척이나 재미없는 이름을 붙여 주었지. 정말 슬픈 일이지, 안 그래? 그 파도 이름을 알고 싶니? 정말이야? 좋아, 그렇다면……"

1. 실체파 이 파도들은 지구 내부를 통해 전달되어 지구 표면까지 와 닿는다. 실체파에는 두 가지 종류가 있다.

● P파 이 파도들은 암석층을 마치 거대한 스프링처럼 짓누르고 잡아늘인다. 스프링을 아래로 힘주어 누르고 핑! 하고 놓을 것. 그러면 스프링은 다시 돌아온다. 암석층에 대해서도 마찬가지이다. 여기서 P란 영어로 으뜸, 1등(primary)을 뜻하는데 이 P파가 지표면에 맨 처음 도착하기 때문이다. 내가 말했지, 이 지진파 이름들이 따분하다고.

● S파 이 파도들은 잔물결처럼 암석층을 통과한다. 밧줄의 한쪽 끝을 잡고 세게 흔들면 밧줄이 물결치는 것처럼. S자는 두 번째(secondary)의 약자이다. 왜 그럴까? 물론, 지표면에 두 번째로 도달하기 때문이지.

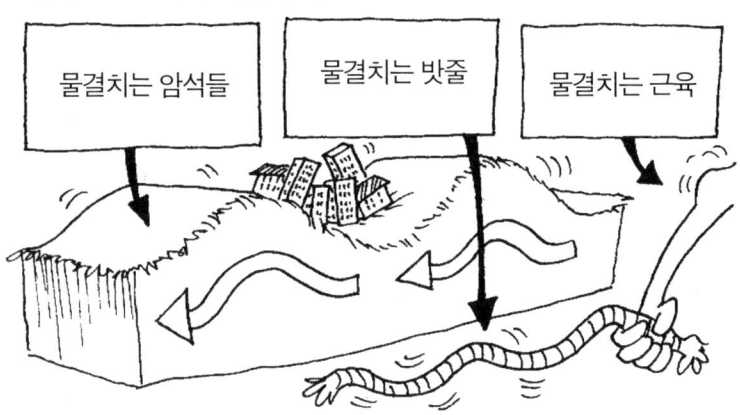

2. 표면파 이 파도들은 지구의 표면을 통해 전달되면서 땅을 위아래로 흔든다.

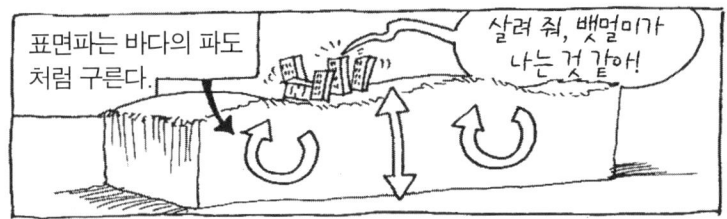

과거에는 끔찍한 지리학자들의 이름을 따서 이런 지진파의 이름을 붙이는 것이 크게 유행했다. 지금 여러분이 보기엔 약간 촌스럽게 느껴질 수도 있겠지만, 지리학자들은 이것을 굉장한 영광으로 여긴다. 그중 가장 유명한 두 가지(지진파와 지리학자)는 러브파와 레일리파이다.

● **러브파** 영국의 유명한 지리학자 A.E. 러브(1863~1940)의 이름을 딴 것이다. 그는 옥스퍼드 대학교의 과학 교수로 있을 때 이 지진파를 발견했다. 러브파는 진행 방향에 대해 직각으로, 암석층을 좌우로 뒤흔든다.

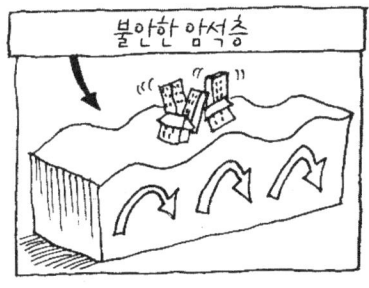 

● **레일리파** 멋쟁이 존 스트럿 레일리 경(1842~1919)의 이름을 딴 지진파. 레일리 경은 굉장한 부자였고 그의 멋진 대저택에는 개인 연구실까지 있었다. 그는 또 케임브리지 대학교의 물리학 교수였다. 어릴 때 존은 몹시 허약한 아이였지만 머리만

큼은 기막히게 좋았다. 그는 학교에 다닐 필요가 없었다.(여러분도 그럴 수 있다면 얼마나 좋을까?) 그의 아버지는 개인 교사를 불러 집에서 대신 수업을 받게 했다. 존은 과학과 수학을 좋아했고(정말 특이하지만 정말이다) 여행도 좋아했다.

그는 휴가 중에 멋진 착상을 떠올리곤 했다. 그중에서도 하늘이 왜 파란지를 설명해냈으며 대기 중에 새로운 기체가 있다는 것을 발견했다. 이것으로 그는 1904년에 노벨 물리학상을 받았다. 그는 또한 데굴데굴 구르듯이 암석층을 뚫고 지나가는 표면파의 유형을 발견해냈다.

지진 : 감춰진 이야기

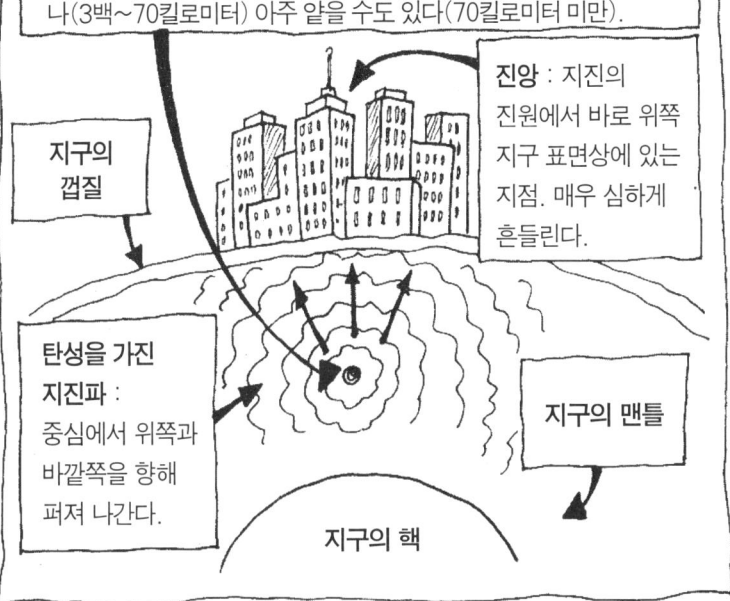

중심 : 지하에 있는 이 점은 암석층이 처음 파괴된 지점을 나타낸다. 이 지점을 진원이라고 한다. 바로 여기서 지진파가 시작된다. 진원은 아주 깊을 수도 있으며(3백 킬로미터 이상) 중간 깊이이거나(3백~70킬로미터) 아주 얕을 수도 있다(70킬로미터 미만).

진앙 : 지진의 진원에서 바로 위쪽 지구 표면상에 있는 지점. 매우 심하게 흔들린다.

지구의 껍질

탄성을 가진 지진파 : 중심에서 위쪽과 바깥쪽을 향해 퍼져 나간다.

지구의 맨틀

지구의 핵

가장 깊은 곳에서 일어난 지진이 제일 심한가요?

꼭 그런 건 아니야. 깊은 곳에서 일어난 지진이 훨씬 강한 건 사실이야. 하지만 보통은 얕은 곳에서 일어난 지진이 훨씬 큰 피해를 입히지. 얕은 곳에서 일어난 지진파는 진원에서 표면까지 거리가 가까워서 그다지 멀리 가지 않아. 그래서 힘을 잃지 않는 거야. 이 경우 지진파는 땅을 심하게 흔들긴 하지만 일부 부분만 세게 흔들지. 깊은 곳에서 일어난 지진은 약하지만 많은 범위를 흔들지.

지진파는 얼마나 멀리 갈 수 있나요?

위력이 강한 지진에서 나온 지진파는 지구를 타고 수천 킬로미터까지 갈 수 있어. 1960년에 칠레를 강타했던 지진을 예로 들까? 그 표면파는 워낙 강해서 지구를 20바퀴나 윙윙 돌았는데 이틀이 넘도록 느낄 수 있을 정도였지.

와! 그럼 정말 많이 간 거네요?

그렇지. 그중에서도 P파(아까 나왔었지?)가 가장 빨라. P파는 지각에는 초당 6킬로미터라는 엄청난 속도로 전달된단다. 런던에서 파리까지 단 1분에 가는 것과 같지! 사람들의 말로는 그 지진파가 지표에 부딪칠 때 요란한 울림소리를 들었다고 해. 그리고 머지않아 S파가 좀더 천천히 표면에 도달하지. 그러나 이 지진파들이 통과하는 여러 가지 서로 다른 암석층의 특성 때문에 이 울렁울렁한 지진파의 속도가 빨라지거나 늦어질 수 있어.

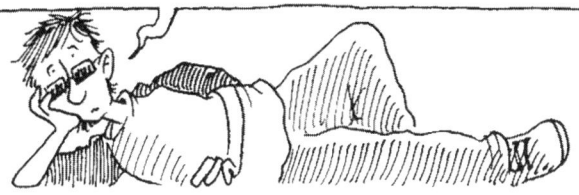

> 이제 여러분은 지진파의 전문가가 되었으니 잘 활용할 수 있겠지. 러브와 레일리와는 달리 요즘의 지진학자들은 지구의 내부가 어떻게 생겼는지 애써 추측할 필요가 없단다. 이들은 지진파를 이용해서 암석층을 조사할 수 있거든. 그리고 또 지진파를 이용해서 지진의 위력이 얼마나 되는지를 계산해내기도 하고. 계속 읽어 보면 알게 될 거야.

파괴의 등급

그렇다면 지진의 정확한 세기는 어떤 방법으로 측정해낼까? 이건 전문가도 머리가 흔들릴 만큼 어려운 문제다. 왜냐고? 도대체 어디서부터 지진의 세기를 재야 하지? 지구를 흔드는 세기로? 피해 규모로? 아니면 지진을 발생시킨 틈의 크기로?

사실 지리학자들은 이 세 가지를 모두 사용한다. 그 세 가지 모두가 우리 생활을 아주 혼란스럽게 만드는 것들이다. 이번에도 시드가 가장 편리한 지진의 등급에 관한 세 가지를 설명해 줄 것이다.

A

이름 : 수정 머캘리 등급

무엇을 측정하나 : 지진의 강도를 측정한다. 이것은 지진이 얼마나 세게 지구를 흔들고 피해를 입혔는지를 측정하는 것이다. 지진의 세기에 관한 기록들은 고대의 지진을 연구하는 좋은 자료가 된다. 더욱 중요한 것은 이런 기록을 이용해서 지진이 일어날 때

를 대비한 구난 체계를 마련할 수 있다. 마치 아주 요란한 음악을 연주하는 록 밴드에 귀를 기울이는 것과 같지. 하지만 아무리 요란한 록 밴드라도 이것보다는 더 시끄러울 수 없다. 그것은 바로 진짜 지구를 뒤흔드는 우르쾅쾅 지진!

자세한 내용 :
지진의 세기, 즉 진도는 I(1)에서 XII(12)까지의 등급으로 나뉜다. 피해의 정도로 진도를 나누자면……

I 사람이 느끼지 못할 만큼 약하다.

II 건물 위층에 있는 일부 사람들이 느끼는 정도.

III 실내에서 느낀다. 큰 유조차가 지나가는 것 같다.

IV 실외에서 느낀다. 창문이 달그락거리고 주차해 둔 차가 흔들린다.

V 건물이 흔들린다. 벽에 금이 간다.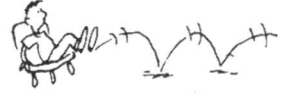

VI 누구나 느낄 정도이다. 가구가 움직이고 나무가 흔들린다.

VII 건물이 피해를 입는다. 벽돌이 떨어진다. 서 있기가 힘들다.

VIII 건물이 큰 피해를 입는다. 나뭇가지들이 부러진다.

IX 땅에 금이 간다. 건물들이 무너진다.

X 건물들이 파괴된다. 산사태가 일어나고 강물이 넘친다.

XI 온전한 건물이 거의 없다. 철로가 휘어진다.

XII 거의 다 파괴되다시피 한다.

여러분은 그 콘서트의 강렬함을 여러분의 귀에 들리는 소리의 세기로 알 수 있다.

수정 머캘리 등급은 여러분의 위치가 콘서트홀 안 어디이든, 그러니까 앞이든, 중간이든 뒤든, 심지어 바깥에 있든 오직 여러분의 귀에 들리는 소리로 판단하는 것이다.

전문가의 말 :

이 등급은 로마자로 표시하지. 하지만 내 생각에 이 방법은 약간 엉터리인 것 같아. 이 진도의 문제점은 사람들이 보고 느끼는 것을 기준으로 삼는다는 거지. 다섯 사람한테 물어보면 다섯 가지 다른 대답이 나올걸. 그래서 똑같은 지진에 대해서도 다섯 가지 등급이 나올 수 있지. 무슨 뜻인지 알겠지? 그리고 지진의 세기가 내가 서 있는 위치에 따라 달라진다는 거야.(지진 밴드가 '흔들어라'를 노래한다면 여러분한테는 아주 시끄럽게 들리겠지. 여러분은 바로 그 밴드 앞에 있으니까. 하지만 뒤늦게 나타나서 홀 안으로 들어오지 못한 여러분 친구한테는 덜 시끄럽게 들리겠지.) 게다가 말이야, 지진 피해를 확인하기 위해 끝까지 그 자리에 남아 있을 사람이 누가 있겠어?

요건 몰랐을걸!

지진의 세기를 측정하는 데는 무엇이든 사용할 수 있다. 말을 이용해도 된다.

오스트레일리아의 일부 사람들은 가벼운 지진의 흔들리는 느낌을 말이 담장에 등을 긁는 것에 비유하기도 한다.

B

이름 : 리히터

무엇을 측정하나 : 지진의 세기. 이 말은 지진이 얼마나 많은 에너지를 암석층에 전달하냐는 뜻이다.(지진파가 쏘아보내는 것이 바로 이 에너지이다.)

아까 지진 밴드를 잊지는 않았겠지? 리드 기타인 강진동의 솔로 연주를 듣는다고 상상해 보자.

이번에는 여러분의 자리와 무대와의 거리를 고려한다. 그렇다면 리히터 규모에서는 여러분 자리가 어디이든 그 노랫소리는 똑같이 시끄럽다고 봐야 할 것이다.

자세한 내용 :

리히터 규모는 찰스 F. 리히터(1900~1985)라는 미국의 유명한 지진학자의 이름을 딴 것이다. 1935년 리히터는 지진이 자주 일어나는 미국 캘리포니아에서 칼텍(캘리포니아 공과대학)의 지진 연구소 소장 자리를 맡았다. 젊은 사람에게는 횡재나 다름없는 굉장한 자리였다.

그러나 리히터는 그 명성과 돈에는 전혀 개의치 않았다. 아니. 그로선 오히려 그 자리가 지겹기만 했다. 하루 종일 똑같이 따분한 질문을 해대는 따분한 기자들의 전화에 대답하는 일이 넌더리가 났던 것이다.

사실 당시에는 지진의 크기를 재는 방법은 단 하나, 수정 머캘리 등급밖에 없었다.

문제는 절대 똑같은 답이 두 번 나오지 않는다는 것이었다. 그 방법은 도저히 믿을 만한 것이 못 되었다. 짜증난 찰스 리히터는 머리를 긁적였다. 뭔가 더 좋은 방법을 찾아내야 했다. 귀찮은 그 기자들도 이해할 수 있는 방법을. 그때 리히터의 머리를 쾅 울리는 것이 있었다.

그는 서로 다른 지진파들이 지진계에 나타나기까지 걸린 시간을 비교하고 그 지진이 얼마나 멀리서 일어났는지 계산해냈다. 그런 다음 자신의 지진계가 있는 곳에서 얼마나 멀리까지, 그리고 얼마나 빠른 속도로 땅이 흔들렸는지를 측정했다. 그 다음에는 그 지진이 얼마나 멀리서, 얼마나 깊은 곳에서 일어났는지를 고려해서 그것이 얼마나 강력한지를 계산했다.(휴! 정말 복잡하지.)

이 방법은 훨씬 정확하고 과학적이었다. 리히터가 새로 개선해서 만든 규모를 다음과 같이 정리했다. 보통 리히터 규모는 아라비아 숫자로 소수점 첫째자리까지 표시한다.

그런데 여기서 그치는 것이 아니다. 현대의 초정밀 지진계들은 규모 −2나 −3의 아주 작은 진동까지 기록할 수 있다. 그러나 규모 7의 지진이 규모 6의 지진보다 조금 더 심한 정도라고 생각해서는 안 된다. 리히터 규모에서는 각각의 단계는 10배의 증가를 나타낸다. 그러므로 규모 7은 실제로는 규모 6보다 10배는 더 큰 지진이며, 규모 8의 10분의 1에 해당한다. 알았지?

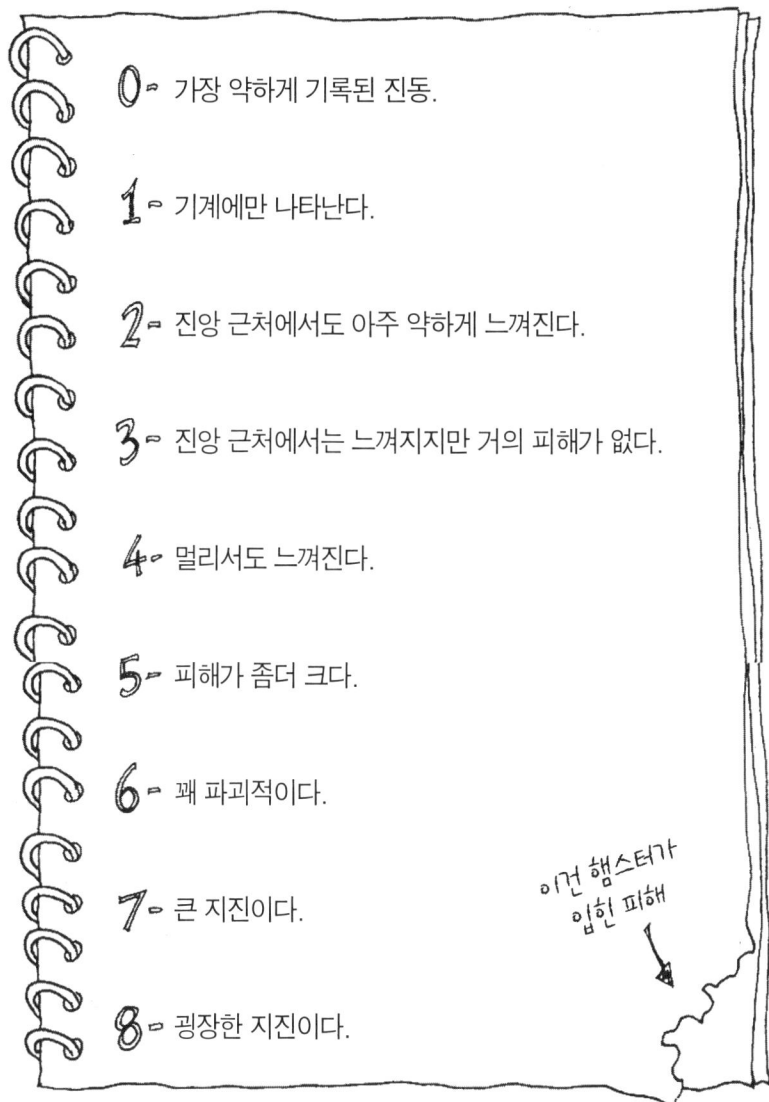

0 - 가장 약하게 기록된 진동.

1 - 기계에만 나타난다.

2 - 진앙 근처에서도 아주 약하게 느껴진다.

3 - 진앙 근처에서는 느껴지지만 거의 피해가 없다.

4 - 멀리서도 느껴진다.

5 - 피해가 좀더 크다.

6 - 꽤 파괴적이다.

7 - 큰 지진이다.

8 - 굉장한 지진이다.

이건 햄스터가 입힌 피해

전문가의 말

이 방법이 항상 가장 널리 쓰이고 있어. 텔레비전에서 말하는 진도도 바로 이 리히터 규모야. 하지만 조심해야 해. 진도 5.2라는 표현은 쓰지 않고 규모 5.2라고 하거든. 이 방법의 단점은 아주 큰 지진은 측정할 수 없다는 거야. (그러니까 규모 8.5 이상의 지진들.)

C

이름 : 모멘트 규모 등급

무엇을 측정하나 : 모멘트란 지진의 크기 단위이며 지진의 전체 크기를 측정하는 방법이다. 그러니까 충격 전체를 헤아린다는 뜻이다.

이걸 우리의 지진 밴드 콘서트와 비교해서 설명하자면, 여러분이 무대에서 얼마나 멀리 떨어져 있는지를 살펴보자. 그런 다음 귀마개를 빼는 것이다.

그래도 귀를 찢을 듯한 밴드 소리가 들리는 것 같다면 정말 요란한 것이다!

자세한 내용 :

이 규모는 모든 것을 계산에 넣는다. 암석층에 생긴 최초의 균열부터 땅이 얼마나 흔들렸는지, 또 지진이 얼마나 오래 지속되었는지를 모두 고려한다.

전문가의 말 :

> 이 규모는 전문가들이 사용하는 거지. 계산하기가 번거롭지만 전체적인 지진의 그림을 그려 주기 때문에 아주 정확해. 게다가 규모 9와 10 사이의 아주 큰 지진들도 멋지게 측정할 수 있지. 그렇기 때문에 가장 큰 지진의 기록들이 계속 새로 바뀌어 왔지. 1960년에 있었던 칠레의 대지진은 규모 8.5로 측정되었어. 여러분이 생각해도 굉장히 큰 지진이지? 사실 그래. 하지만 사실은 그보다 훨씬 더 큰 지진이었어. 오늘날 계산한 모멘트 진도는 9.5로 역사상 기록된 가장 큰 지진이 되었지.

살인적인 지진들

칠레를 뒤흔든 이 지진은 20세기에 일어났던 가장 강력한 지진이었다. 그러나 역사상 최악의 지진들을 살펴보면 이 지진은 열 손가락 안에 들지도 못한다.

그것은 많은 지진들의 목록이 대개 사망자 수를 근거로 만들어지기 때문이다. 비극적인 일이지만 사실이다. 칠레 지진의 경

우르쾅쾅 10대 지진

	위치	연도	사망자	크기
10위	중국 즈리	1290년	100,000명	알려지지 않음
9위	일본 간토	1923년	142,000명	8.3
8위	이란 아르다빌	893년	150,000명	알려지지 않음
7위	중국 난산	1927년	200,000명	8.3
6위	중국 간쑤	1920년	200,000명	8.2
5위	이란 담간	856년	200,000명	알려지지 않음
4위	시리아 알레포	1138년	230,000명	알려지지 않음
3위	중국 탕산	1976년	242,000명	7.9
2위	인도 캘커타	1737년	300,000명	알려지지 않음
1위	중국 상하이	1556년	830,000명	8.3

참고 : 위의 지진 중 몇몇은 너무 오래 전의 일이어서 전문가들이 진도를 추측한 것이다. 그러나 역사에 기록될 만큼 규모가 컸다면 상당히 심한 지진이었을 것이다!

우 약 2천 명이 목숨을 잃었다. 참으로 안타까운 일이다. 그러나 지진이 워낙 대단했던 탓에 오히려 그렇게 많은 수가 살아남았다는 것이 더 놀라운 일이었다.

이 가운데 몇몇 지진은 오래 전에 일어나서 정확한 기록이 없는 경우이다.

결국 사망자 수도 어림짐작으로 계산한 것이다. 실제 사망자 수는 훨씬 더 많을지도 모른다. 뭐 더 적을 수도 있겠지만. 사실 정확히 알 방법이 없다.

 한 가지는 분명하다. 지진은 아주 위험하다는 것. 그리고 언제, 거의 어디서든 일어날 수 있다는 것이다. 그렇다면 지구에서 비교적 안전하게 살고 싶다면 지진이 자주 일어나는 지역에 가까이 가지 않는 것이 가장 좋겠지?

 여러분은 그렇게 생각할 것이다, 그렇지? 분명 그렇게 생각하고 있겠지. 하지만 그렇지 않다는 사람들도 아주 많다……..

흔들리는 땅에서

샌프란시스코, 로스앤젤레스, 멕시코시티, 도쿄 등의 도시는 어떤 공통점을 가지고 있을까? 모르겠다고?

답은 지구상에서 가장 크면서 북적이는 도시에 속한다는 것이다. 그리고 아주 불안정한 땅 위에 지어졌다는 것.

그런데 사람들은 도대체 왜, 그렇게 위험한 곳에 사는 걸까? 어쨌든 커다란 지진은 단 몇 초만에 큰 도시를 쑥대밭으로 만들 수 있다.

놀라운 것은 그럼에도 불구하고 약 6억 명 정도는 지진이 일어나기 쉬운 곳에 산다는 사실이다. 그렇게 아찔하게 위험한데도 말이다.

만약 그 사람들에게 왜 좀더 안전한 곳으로 이사가서 살지 않느냐고 묻는다면 그 사람들은 거의 대부분 이렇게 대답할 것이다.

뭐니뭐니해도 집이 제일 안전하다고.

게다가 최악의 일은 일어나지 않을지도 모른다고. 하지만 거꾸로 뒤집어본다면 일어날지도 모른다…….

고베의 대재앙

고베는 일본 남부에 있는 번화한 도시이다. 일본에서 가장 큰 항구 중 하나이며 주요 산업 중심지이다. 불행히도 일본에서는 지진이 주기적으로 일어나는데 고베에는 한동안 큰 지진이 없었다. 적어도 1995년 1월 17일까지는 그랬다. 그렇다면 세상이 흔들리고 무너질 때의 기분은 어떨까? 여기 한 소년의 눈으로 본 그 운명의 날을 소개한다.

요시가 겪은 지진

우리는 학교에서 지진에 관해 전부 다 배웠다. 그래서 나는 일본에 지진이 아주 많이 일어난다는 것도 알고 있다. 몇 번씩 지진의 진동을 겪기도 했다. 그러나 그런 건 아주 시시했다.

어쨌든 나는 별로 걱정하지 않았다. 고베는 정말 멋진 곳이다. 나는 태어나서 계속 여기서 살았다. 고베는 아주 아름답고 안전한 도시이다. 게다가 솔직히 나는 지진을 믿지 않았다.

그런데 지금은 아니다……

지난주 화요일이었다. 모든 게 갑자기 무서워졌다. 아직 이른 새벽이라 나는 잠을 자고 있었다. 그런데 정신을 차리고 보니 나는 침대에서 떨어져 바닥에 누워 있었다. 바닥이 흔들리고 있었다. 그뿐이 아니었다. 우리 집은 아파트인데 방바닥만 흔들리는 게 아니었다. 건물 전체가 흔들리고 있었다. 정말 무서웠다. 밖은 깜깜했고 나는 어떻게 해야 좋을지 몰랐다.

어렴풋이 물건들이 바닥 위로 미끄러지는 것이 보였다. 아마 내 책꽂이랑 침대였을 것이다. 더욱 끔찍하게도 무슨 괴물이 울부짖는 것 같은 무서운 소리가 들렸다. 어머니가 나와 동생을 부르는 소리도 들렸다. 곧이어 아버지가 손전등을 들고 내 방으로 들어오셨다. 아버지는 나한테 부엌으로 가서 식탁 밑에 있으라고 말씀하셨다. 학교에서 배운 것과 똑같았다. 이럴 줄 알았으면 좀더 열심히 배워 두는 건데. 일어서서 걷기도 힘들었지만 나는 아버지가 시키신 대로 부엌으로 갔다. 여동생이 울면서 어머니에게 매달려 있었다.

내 여동생은 다섯 살이다. 나도 무척 겁이 났지만 안 그런 척하려고 애썼다. 그런 흔들림은 영원히 끝나지 않을 것처럼 느껴졌다. 그러다가 마침내 흔들림이 그쳤다. 부모님은 우리 손을 꼭 잡으셨다. 우리는 서둘러 아파트를 빠져나와 거리로 나갔다. 바깥에는 모든 것이 엉망이었다. 막 동이 트고 있어서 무너진 것들을 볼 수 있었다.

우리 아파트는 별로 많이 무너지지 않았다. 하지만 길 건너편 건물은 무너져서 산산조각이 나 있었다. 우리 동네가 다 그랬다. 집들의 반은 무너져 있었다. 거기에 익숙해지기가 힘들었다. 사람들은 집이 영원히 그대로 있을 거라고 생각하기 때문이다. 친구의 집들도 무너져 있었다. 친구들이 무사하기를 간절히 바랐다. 그리고 도로는 크게 갈라져 있었다. 모든 것이 망가져 버렸다. 한 아저씨는 거인이 도시를 밟고 지나가면서 납작하게 으깨 버린 것 같다고 말했다.

아버지가 구조 활동을 하러 가신 동안

나는 어머니와 동생과 같이 길바닥에 앉아 있었다. 멍하니 그냥 앉아 있는 사람들이 많았다. 어머니는 그 사람들이 충격을 받아서 그럴 거라고 말씀하셨다. 어쨌든 나는 더 이상 겁나지 않았다. 좀 슬펐고 춥기만 했다. 서둘러 집을 나왔기 때문에 외투도 아무것도 가지고 오지 않았다. 그래도 부모님과 동생은 무사하다.

우리 옆 건물에 사는 누나는 무너진 건물 더미에 깔려 있었는데 아버지가 꺼내 주었다. 아버지가 무척 자랑스러웠다.

그러나 많은 사람들이 소리를 지르고 울고 있었다. 친구나 친척을 찾지 못했기 때문이다. 정말 끔찍한 일이다.

길거리에서 얼마나 기다렸는지 모른다. 몇 시간은 지난 것 같았다. 한참 후에 아버지가 오시더니 우리를 도시 반대편에 있는 강당으로 데려갔다. 그쪽은 피해가 별로 심하지 않았다. 그 강당은 우리 아버지가 다니는 철강 회사의 강당이다. 아버지는 당분간 회사에서 우리를 돌봐 줄 거라고 말씀하신다. 집에는 수도나 가스, 전기가 들어오지 않고, 안전하지도 않기 때문에 집에 갈 수가 없다. 강당은 무척 시끄럽고 북적거린다. 다른 가족들도 많이 들어왔기 때문이다.

그런데 한 아저씨가 와서 우리한테 따뜻한 담요와 음식을 주셨다. 그래봤자 주먹밥이었지만 나는 배가 너무 고파서 맛있게 다 먹었다. 덕분에 내 동생도 울음을 그쳤다. 어머니는 다른 사람들은 학교나 절에 머물고 있다고 했다. 그리고 우리 같은 사람들은 운이 좋다고 하셨

다. 우리 학교에서 묵지 않아도 된다는 것이 정말 다행이다.

여기서 지내기는 괜찮다. 새 친구들도 사귀었다. 그러나 여기서 얼마나 있어야 할지 모른다. 아버지는 나에게 씩씩하게 지내고 동생을 돌봐 줘야 한다고 말씀하신다. 나는 그러겠다고 대답했다. 그런데 그게 쉽지 않다.

아버지가 앞으로 여진이 있을지도 모른다고 말씀하셔서 기분이 우울하다. 큰 지진이 온 다음에는 작은 지진이 몇 번 온다고 한다. 제발 아버지의 생각이 틀렸으면 좋겠다. 다시는 지진의 '지'란 말도 듣고 싶지 않다. 정말로 집에 가고 싶다.

우르쾅쾅 지진 파일

날짜 : 1995년 1월 17일

위치 : 일본 고베

시간 : 오전 5시 46분

지속 시간 : 20초   **규모** : 7.2

사망자 : 4천 5백 명   **부상자** : 1만 5천 명

충격 사실 :
- 1923년 14만 2천 명의 사망자를 낸 간토 대지진(우리 나라에선 관동 대지진으로 알려져 있다) 이후 일본을 강타한 가장 강력한 지진이다.

- 이 지진은 엄청난 파괴를 불러왔다. 많은 건물이 지진에 견디도록 지어졌음에도 19만여 채의 건물이 파손되었다. 수천 개의 건물이 불에 타서 무너졌다.
- 고베와 오사카를 잇는 한신 고속도로는 한쪽으로 기울어져 버렸다. 마침 이른 새벽이라 도로는 거의 비어 있었다. 몇 시간 후였더라면 도로는 자동차들로 꽉 차 있었을 것이다.

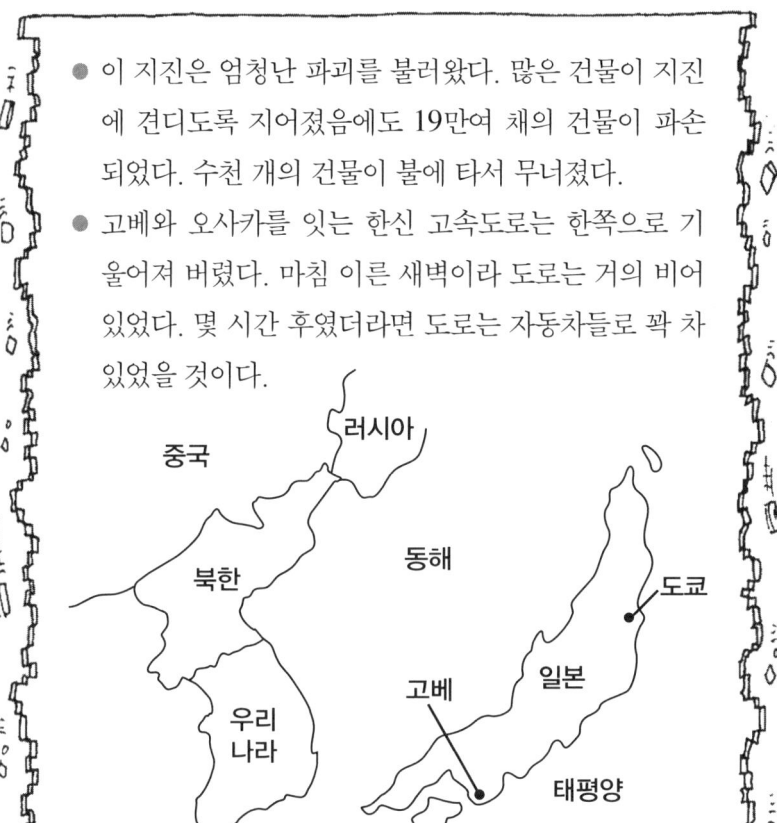

요건 몰랐을걸!

지진 경험자들의 말에 따르면 지진은 이상한 소리와 함께 찾아온다고 한다.

자동차가 자갈길을 지나갈 때 또는 지하철이 터널을 지나갈 때와 비슷한 낮게 쿠르릉거리는 소리이다. 때로는 사슬이 철거덕 대는 소리처럼 들리기도 한다. 으스스하지.

지진의 부작용

도시를 쑥대밭으로 만드는 것만으로도 지진은 엄청난 거지. 하지만 지진엔 다른 놀랄거리도 얼마든지 많아. 여러분이 만나지 않기를 바랄 그런 지진의 부작용을 몇 가지 소개할게.

1. 오르락내리락 지진 엄청난 지진은 풍경 자체를 바꾸어 놓기도 한다. 그럼 여러분은 지금 내가 있는 곳이 어딘지 헷갈리게 될 걸. 땅이 가라앉는 곳이 있는가 하면 반대로 위로 몇 미터나 솟아오르기도 한다. 한때 이어져 있던 도로와 철도가 더 이상 만나지 않게 된다. 지난 1964년 알래스카 지진 때에는 프랑스 만한 크기의 어마어마한 땅덩어리가 한쪽으로 기울어 버렸다. 결국 코어도바라는 어촌은 바다와 거리가 멀어지게 되었고 그 항구에는 더 이상 파도가 밀려오지 않았다!

어부들의 배는 땅이 높아지자 갈 곳을 잃어버렸다. 그러나 평소에 말라 있던 다른 곳들은 바다에 잠겨 버렸다.

2. 위태로운 산사태 1970년 5월 31일, 규모 7.8의 지진이 페루를 강타했다. 그러나 더 끔찍한 일이 뒤를 이었다. 그 지진이 땅을 흔드는 바람에 우아스카란 산에서 엄청난 산사태가 일어난

것이다. 수백만 톤의 바위와 얼음 덩어리가 맹렬한 속도로 산 아래를 향해 돌진했다. 산사태로 공중에 날아오른 자갈돌과 흙먼지는 그 밑에 있던 모든 것을 산산조각 내버렸다. 융가이 마을도 마찬가지였다. 단 몇 초만에 이 마을은 엉망이 되었고 마을 사람들은 산 채로 파묻혔다. 이 끔찍한 날 모두 6만여 명이 목숨을 잃었다.

3. 활활 타는 불 두말할 것도 없이 지진의 부작용 중 가장 지독한 것이 화재이다. 지진 자체보다 그로 인한 화재 때문에 더 많은 피해를 입는 경우가 많다. 샌프란시스코에서 베이컨과 달걀 요리를 하고 있던 여자를 기억하지? 나무로 지은 집에 불이 붙으면 아침 식사는 악몽이 되고 만다.

또 하나 비극적인 경우가 포르투갈의 수도 리스본에서 있었다. 1755년 11월 무시무시한 지진이 이 도시를 휩쓸었다. 결과는 최악이었다. 도시의 상당 부분이 폐허로 변했다. 그러나 훨씬 더, 아주 끔찍한 일이 일어났다. 몇 시간 후 쓰러진 화덕들과 기름 등잔에 남아 있던 불씨가 사나운 불길로 타오른 것이었다. 불길은 사흘 동안, 거침없이 리스본을 휩쓸어 버렸고 그러다가 마침내 제풀에 지쳐 꺼졌다. 지진이 일어나기 전 리스본은 많은 궁전과 멋진 저택들, 귀중한 예술품이 가득한 아름다운 도시였다. 지진이 있은 후, 리스본은 검은 재만 남았다. 마침 그 불을 처음 목격한 사람은 리스본에 살던 토머스 체이스라는 영국인이었다. 그 사람은 고향에 이런 편지를 쓰지 않았을까.

1755년 11월 뜨르투갈 리스본에서

사랑하는 어머니께

이 편지가 무사히 도착했으면 좋겠네요. 요즘 이곳 우체국에선 제대로 업무가 이뤄지지 않거든요. 사실 현재 리스본에서 제대로 돌아가는 건 아무것도 없어요. 그 못된 지진이 우리 생활을 완전히 뒤집어 놓았기 때문이에요. 어쨌든 제가 무사하다는 소식을 알려드리려고 편지를 씁니다. 전 운이 좋은 편이에요.

마침 제가 침실에 있을 때 땅이 흔들리기 시작했습니다. 그리고 지금껏 들어본 것 중 가장 무시무시한 소리가 들렸죠. 저는 곧바로 지진이구나 생각했죠. 처음에는 심하지 않은 것 같더니 흔들림은 점점 더 심해졌어요. 호기심이 지나친 게 탈인 줄은 저도 알지만 더 멋진 책을 쓰기 위해서 집 꼭대기로 달려갔어요. (어머니가 무슨 생각하시는지 알아요. '얼빠진 녀석!' 어머니 말씀이 옳아요.) 거의 꼭대기에 다다랐을 때 갑자기 집이 통째로 옆으로 기울더니 전 그만 중심을 잃고 말았죠. 순간 몸이 떨어지는 걸 느꼈어요. 사실 전 창 밖으로 튕겨나갔지요. (불행히도 거기가 4층이었거든요.) 정신을 잃었던 게 분명합니다. 그 다음 제가 기억하는 것은 이웃 사람이 벽돌과 부서진 돌더미 속에서 저를 끌어 냈으니까요. 제 몰골이 말이 아니었는지 처음에 그는 저를 알아보지 못하더군요.

어쨌든 저는 확실히 넋이

나가 있었습니다. 온몸이 긁히고 멍들어 있었고 오른쪽 팔은 부러졌습니다.(그래서 제 글씨가 엉망일 거예요.) 누군가 달려가서 제 친구인 퇴그 씨를 불러왔고 퇴그 씨가 저를 자기 집에 데려다가 침대에 눕혀 주었습니다. 마침내 한숨 돌리게 되었죠. 적어도 그렇게 생각했어요. 얼마 후 침대에 있는데 창 밖으로 노란 불꽃이 날름거리는 것이 보이고 불꽃이 딱딱거리는 기분 나쁜 소리가 들렸습니다. 믿기지 않으실 거예요. 그 집에 불이 났지 뭐예요! 용감한 퇴그 씨는 신속히 움직였습니다. 그 분이 제 목숨을 두 번이나 구해 주셨죠. 그 분은 위험을 무릅쓰고 저를 안전한 광장으로 옮겨 주셨고 저는 거기서 토요일과 일요일 밤을 꼬박 지샜어요. 이때쯤 이 도시 전체가 불길에 휩싸여 있었죠. 저는 눈물을 흘리면서 도저히 잡히지 않는 불길을 지켜보았어요.

 말씀드렸다시피 좀 다치긴 했지만 저는 운이 좋았어요. 비록 모든 것을 잃었지만 목숨만은 건졌으니까요. 훨씬 나쁜 일을 당한 친구들도 많아요. 정말 무서웠어요. 정말로.

 어쨌든 조만간 다시 편지 쓸게요. 어쩌면 더 빨리 어머니를 보게 될지도 모르겠네요. 몸이 좋아지는 대로 집으로 돌아갈게요. 그때까지 제 걱정은 접어 두세요.

사랑하는 아들 토머스

엄지손가락으로 대신함

XXXXX

우르쾅쾅 지진 파일

날짜 : 1755년 11월 1일
위치 : 포르투갈 리스본
시간 : 오전 9시 40분   **지속 시간** : 3분 정도
규모 : 8.7   **사망자** : 6만 명

충격 사실 :

- 11월 1일은 '모든 성인의 날'이었기 때문에 많은 사람들이 교회 안에 있었다. 사람들은 이 지진이 신의 벌이라고 했다.
- 첫 번째의 지진이 있은 후 두 번의 대규모 여진이 잇따랐다.
- 지진이 일어난 지 1시간 30분 후, 바다에서 세 번의 거대한 파도가 밀려들었다. 수천 명이 물에 빠져 죽었다.

대서양 프랑스
    마드리드
포르투갈
    에스파냐   지중해
리스본
            아프리카

4. 출렁출렁 정진동 여기서 잠깐 스코틀랜드의 로몬드 호수 근처에 사는 사람들의 이야기를 들어보자. 이 사람들은 리스본에 지진이 일어난 사실을 몰랐다.(이 소식이 영국에 알려진 것은 2주 후의 일이었다.) 그러므로 이 호수의 물이 갑자기 이리저리 출렁거리기 시작했을 때 이들은 도무지 영문을 몰랐을 것이다. 사실 이것은 지진의 또 다른 영향이다. 알쏭달쏭한 전문 용어로는 정

진동, 또는 세이시라고 한다. 이것은 지구를 통해서 전파되어 암석층, 물론 그 호수 속의 바위나 밑바닥의 암석층을 뒤흔드는 지진파 때문에 생긴 것이다.

5. 어마어마한 지진 해일 이것을 '쓰나미'라고도 하는데(쓰나미는 일본어로 '항구의 파도'란 뜻이다) 바다 밑에서 일어난 지진으로 생기는 어마어마한 파도이다. 이 파도를 조석파라고 부르는 사람들도 있지만 원인을 따져보면 밀물 썰물과는 전혀 상관이 없다. 쓰나미는 처음에 시작될 때는 시시하게 보인다. 사실 눈에 띄지도 않고 바다 위의 배를 그냥 지나간다. 그러나 일단 육지에 닿으면 이야기는 달라진다. 쓰나미의 일대기를 살펴보면……

Ⓐ 지진이 바다 밑바닥을 흔든다.

바다 밑바닥

Ⓑ 해양저에서 나온 지진파가 바다로 전해진다. 바닷물이 부풀면서 잔물결이 일어난다.

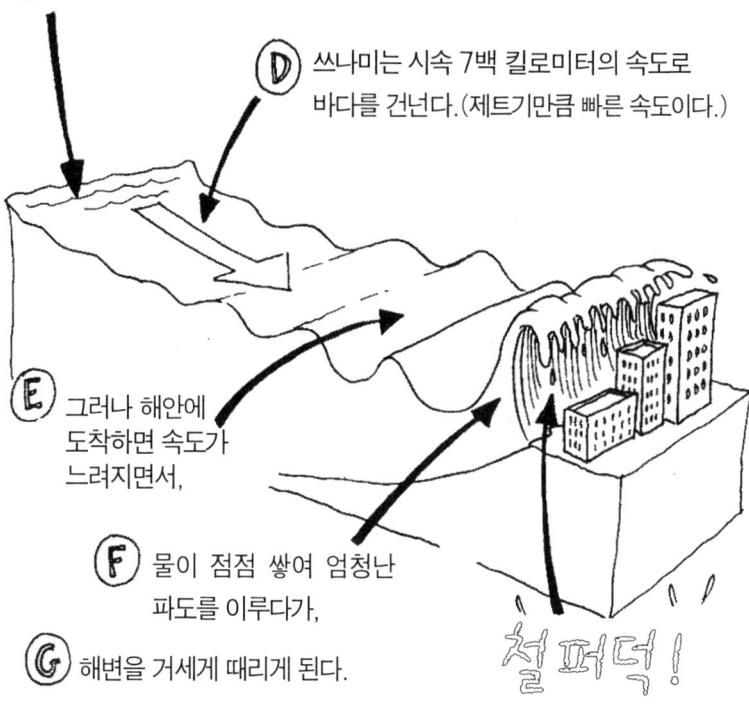

Ⓒ 먼 바다에서는 파도가 아주 작아서 눈에 잘 띄지 않는다.

Ⓓ 쓰나미는 시속 7백 킬로미터의 속도로 바다를 건넌다.(제트기만큼 빠른 속도이다.)

Ⓔ 그러나 해안에 도착하면 속도가 느려지면서,

Ⓕ 물이 점점 쌓여 엄청난 파도를 이루다가,

Ⓖ 해변을 거세게 때리게 된다.

철퍼덕!

오싹오싹 생명의 경고

　쓰나미는 무지무지 위험하다. 이 지진 해일은 해안을 때리면서 모든 것을 휩쓸어 버린다. 건물, 배, 사람들, 심지어는 마을 전체까지. 쓰나미는 여러분 집보다 4배 더 높을 수도 있다. 그 정도면 엄청난 양의 물이다. 문제는 이 쓰나미가 눈에 잘 띄지 않아 발견했을 때는 너무 늦다는 것. 그러므로 갑자기 썰물이 된 것처럼, 바다가 해안에서 물을 빨아들이는 것처럼 보일 때에는 재빨리 도망쳐라. 빨리! 곧바로 쓰나미가 그 무시무시한 입을 쩍 벌리고 달려들지도 모르니까.

생명을 구하는 조기 경보

1946년, 알래스카 해안에서 일어난 작은 지진이 여러 차례의 쓰나미를 일으킨 일이 있었다. 이 지진 해일은 태평양 건너 3천 킬로미터 떨어진 하와이까지 쉼없이 내달렸다. 하와이의 힐로 항에 있던 사람들은 파도가 거대한 벽을 이루며 일어서는 걸 보았다.

그 엄청난 파도는 곧이어 항구를 덮치면서 배와 사람은 물론 거리 전체를 휩쓸어 버렸다. 다행스러운 것은 이 끔찍한 재난이 닥친 후 최첨단 쓰나미 경보 체계가 만들어졌다는 것이다. 하와이에 본부를 두고 있는 이 경보 체계는 지진과 쓰나미를 24시간 감시한다.

문제의 조짐이 처음 발견되면 태평양 주변에 있는 모든 기지에 경보를 울려 사람들에게 대피할 시간이 얼마나 있는지 알려 준다.

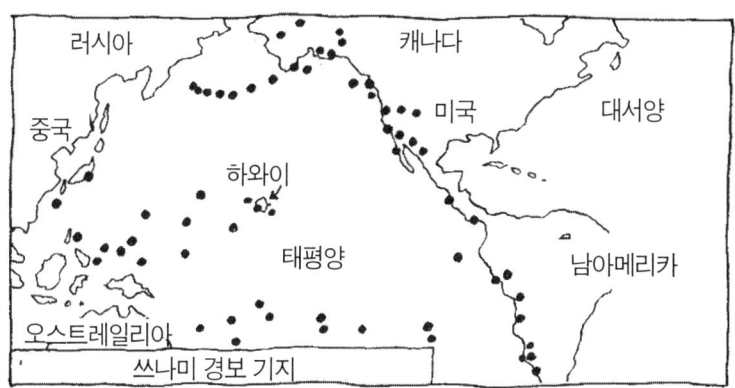

선생님 질문이요

여러분 정말 용감한데? 그럼 지리 선생님께 다음의 시시한 우스갯소리를 해 보면 어떨까? 양손을 들어올리면서 이렇게 묻는다.

저기요, 선생님. 지진이 일어날 때 길을 건너던 소가 어떻게 됐게요?

선생님은 과연 배꼽 빠지게 우스운 그 대답을 알고 계실까?

> **웃음 :** 사실이라기엔 좀 지나친 대답인 것 같지만, 그래도 이 얘기는 1906년 샌프란시스코 지진 때 실제로 있었다고 한다. 땅이 흔들릴 때 길을 건너던 소는 몸이 반쪽으로 쪼개졌다. 그리고 지진이 멈추자 몸이 다시 붙었지만, 정신을 놓지 못해서인지 그 소는 끄떡도 않고 서 있었다. 동물들도 이 때는 꽤 놀라는 것 같지?

이게 무슨……

앞으로는 흔들리는 땅 위에서 사는 사람들의 수가 계속 늘어날 것이다. 어쨌든 지진대는 지구상의 많은 부분을 차지하고 있고, 여러분은 그 모든 지진대를 피할 수는 없다. 게다가 더 불안한 사실은 살기 좋은 곳 중에서 그런 곳이 많다는 것이다. 그렇다면 좀더 안전하게 지내려면 어떻게 하면 좋을까? 이제 우르쾅쾅 지진 전문가를 부를 때가 된 것 같군.

오싹오싹 (인간에 대한) 생명의 경고

  딱딱한 판이나 울렁울렁 바위 따위는 잊어버리자. 지구에 압박을 주는 것이면 무엇이든 지진을 일으키는 요인이 될 수 있다. 무시무시한 인간들도 마찬가지이다. 인간들이 벌이는 일 가운데 지진을 일으키는 원인은 저수지에 물을 채우는 것이다. (저수지는 커다란 호수처럼 물을 가두는 곳이다. 마실 물을 저장하는 곳으로 흔히 쓰인다.) 도대체 저수지가 어떻게 지진을 일으킬 수 있냐고? 짓누르는 그 물의 무게가 암석층에 엄청난 부담을 주면서 이미 생긴 단층 속으로 강제로 물을 흘려 보낸다. 1967년 인도의 마하라슈트라(코이나라고도 한다)에 규모 6.5의 강진이 일어났다. 이 지역은 지진이 없었던 곳이었다. 그렇다면 이유가 뭐였을까? 얼마 전에 새로 생긴 저수지에 물을 채웠기 때문이었다.

우르광쾅 지진 전문가

지진 전문가

 지진을 연구하는 과학자를 지진학자라고 한다.(다 알고 있겠지만.) 물론, 지진학자라는 말은 그들의 두뇌 크기와는 아무 상관이 없다. 하지만 어쩌면 지진학자들은 여러분이 자기들을 머리가 좋다고 생각해 주기를 바랄지 모른다. 먼지 나는 실험실에서 길고 흰 가운을 입고 꾸벅꾸벅 조는 괴짜 교수들의 모습은 접어두도록. 지진학자들은 스트레스를 많이 받는 과학자들이다. 이들의 고된 임무는 무엇이 무시무시한 지진을 일으키는지 알아내는 것이다.

 그러나 그게 말처럼 간단하지 않다. 지진은 도무지 예측이 불가능하다. 아무도 다음 지진이 언제, 어디서 닥칠지 알지 못한다. 그렇다고 스트레스에 시달리는 지진학자들이 일을 포기할까? 천만에. 그 사실 때문에 오히려 지진학자들은 땅에 새로 금이 가고 갈라지면 어느 때보다 더욱 예민해진다.

나도 지진학자가 될 수 있을까?

 여러분은 지진학자가 될 자질이 있을까? 여러분은 그 긴장감을 견딜 수 있을까? 다음의 간단 퀴즈로 알아보자. 물론 여러분 지리 선생님한테 시험해 보면 더욱 좋지.

1. 여러분은 수학 실력이 좋은가?   그렇다 / 아니다

2. 물리학의 귀재인가?   그렇다 / 아니다

3. 지도를 보는 눈이 좋은가?   그렇다 / 아니다

4. 상상력이 탁월한가?   그렇다 / 아니다

5. 머리 뒤에도 눈이 달렸는가?   그렇다 / 아니다

6. 낯선 곳으로 여행하는 것을 좋아하는가?   그렇다 / 아니다

정답 :

1. 수학 실력이 좋아야 한다. 지진학의 상당 부분은 과학적 정보를 수집해서 컴퓨터에 입력하는 작업이다. 그리고 그 수치들이 무엇을 뜻하는지 알아내는 것이다.

이 작업을 어떻게 하는 거냐고? 끔찍하도록 길고 복잡한 계산을 하면 되는 거지, 뭐. 그러니까 숫자에 꽤 익숙해야 한다.

2. 물리학은 지진파가 어떻게 지구를 통해 전파되는지 알아내기 위해 유용하다. 불행히도 지진파는 멋지게 직선으로 뻗어나가지 않는다. 그렇다면 너무 간단하게.

결국 A(지진의 진앙) 지점에서 B(지표면)지점까지의 경로를 추적하는 일도 멋지게 착착 진행되지 않는다. 성질이 다른 토양이나 암석층을 지날 때 변덕스러운 지진파는 자기들끼리 반사되거나 일정한 각도를 이루며 꺾이게 된다(이렇게 꺾이는 것을 유식하게 말하면 '굴절'이라고 한다).

어떤 식으로든 지진파는 사방으로 퍼져 나간다. 그렇다면 뭘까? 그래, 반사와 굴절은 모두 물리학에 속하는 것들이다.

3. 만약 여러분이 학교로 가다가 길을 잃었다면(특히 지리 시험이 있는 날) 지도도 별로 쓸모가 없을 것이다. 그런데 지진학자가 되는 것을 진지하게 생각하는 사람에게는 지도 보기는 필수이다. 그렇지 않다면 지진이 일어난 지점을 어떻게 짚어내려고?

4. 아니, 여러분이 선생님에게 천재라고 칭찬받는 장면을 꿈꾸는 그런 상상력이 아니다. 그런 것은 몽상이라고 하지. 내가 말하는 것은 지구의 내부를 3차원 그래픽으로 떠올릴 줄 아는 그런 상상력이다. 실제로 보지 않고서도 볼 수 있는 능력 말이다.

그게 중요한 이유는 지진이 바로 지구 속에서 일어나기 때문이다. 그러나 지구 속 지도가 없기 때문에 그것은 매우 힘든 일이다. 여러분이 오래 전 침대 밑에 숨겨둔 과자 봉지를, 어둠 속에서 찾는 것과 비슷하다.

5. 물론 진짜로 뒤에도 눈이 있어야 하는 건 아니다.(머리 뒤에까지 멋진 선글라스를 끼고 지내야 한다면 돈이 얼마나 들겠어!) 그 대신 항상 신경을 곤두세워야 한다.

그렇다면 여러분은 공 위에 있으면서 아무것에도 방해받지 않고 마음 편히 잘 수 있는지?
다음의 지진 설문 조사에 답해 보자. 여러분이 지진에 어떻게 반응하는지 알아보기 위한 것이다. 비록 실제로는 한 번도 지진을 경험해 보지 못했다고 해도 경험했다고 가정하고 어떻게 답할지 생각해 보자.

6. 지진학자가 되면 지구 곳곳에 북극, 남극, 히말라야, 아프리카, 뉴질랜드 등 낯선 곳에 있는 지진 관측 기지들을 돌아볼 기회가 있을 것이다. 지도를 꺼내 보는 게 좋을걸!

여러분은 그런 오지 여행을 좋아하는지?

지진 설문 조사

① 여러분은 지진이 일어났을 때 어디에 있었습니까?

② 진동은 몇 시 몇 분에 있었습니까?

③ 조금의 흔들림이라도 느꼈습니까?

④ 무슨 소리를 들었습니까?

⑤ 실내에 있었습니까, 밖에 있었습니까?

⑥ 여러분은 앉아/서/누워/활동하고/자고/라디오를 듣고/TV를 보고/있었습니까?

⑦ 겁이 났습니까?

⑧ 문이나 창문이 덜컹거렸습니까?

⑨ 다른 물건이 달그락거렸습니까?

⑩ 매달려 있던 물건이 흔들렸습니까?

⑪ 떨어진 물건이 있었습니까?

⑫ 피해가 있었습니까?

스타들과 함께

 지진학 때문에 쩔쩔매게 됐다는 사람은 걱정하지 말 것. 여러분은 편안히 앉아 있고 스트레스는 진짜 전문가들에게 떠맡기면 된다. 그럼 이제 역사상 가장 충격적이었던 몇몇 과학자들과 사귈 준비가 되었는지? 우리의 시드가 진짜 컴퓨터 같았던 다섯 명의 과학자를 소개한다.

이름: 존 미첼
(1724~1793)
국적: 영국

주요업적: 영국 케임브리지 대학교의 지질학 교수. 1760년 미첼은 리스본 지진의 재해를 연구한 후 최초로 지진에 관한 과학 논문을 펴냈어.(이 논문 제목을 알고 싶다는 사람을 위해 '지진 현상의 관찰과 원인 추측'이라고 말해 두지. 불행히도 이 논문은 얼마나 따분한지 끝까지 꾹 참고 읽은 사람이 별로 없어.) 그러나 영특한 존 미첼은 혁신적인 업적 때문에 '지진학의 아버지'라 불리지. 그는 지진파가 서로 다른 속도로 전파된다는 사실을 깨닫고 진앙을 찾아내는 방법을 알아냈어. 그것으로도 성에 차지 않았는지 남는 시간에는 최고의 천문학자로 활동했다니까. 정말 대단한 공부벌레지.

이름 : 로버트 맬릿
(1810~1881)
국적 : 아일랜드

주요업적: 맬릿은 아주 우연히 지진에 관심을 가지게 되었지. 원래 그는 공학을 공부한 기술자였어. 철도 역사와 다리, 등대 같은 건물을 설계했었지. 그런데 어느 날 그가 책에서 지진 이야기를 읽으면서 모든 것이 바뀌어 버렸어. 그때부터 로버트 맬릿은 지진에 미쳤지. 우표를 모으는 대신 지진에 관한 책과 소논문, 신문 기사 등 아무 거나 닥치는 대로 모았어. (심지어는 지하에서 화약을 폭파시켜 스스로 지진을 만들어 보기까지 했다니까. 그럴 수 밖에 없었던 것이, 그는 지진대와는 멀리 떨어진 아일랜드에서 살았거든.) 그러다가 모든 것을 방대한 한 권의 책으로 묶어 펴냈지. 그게 전부가 아니야. 그는 지도에 가장 큰 지진들을 표시했지. 사실 맬릿이 만든 그 지도는 얼마나 정확한지 오늘날에도 쓰이고 있어.

이름 : 안드리쟈 모호로비치치
(1857~1936)
국적 : 크로아티아

주요업적: 모호로비치치는 지진이 지각 내부에서 일어난다는 사실을 밝혀 냈지. 그러나 그는 일부 지진파는 맨틀을 통해서도 전파된다는 것을 발견했어. 지각과 맨틀 사이의 이 경계선은 그의 이름을 따서 '모호로비치치 불연속면'이라고 불리게 되었지.

그런데 그 말이 너무 길어서 지금은 간단히 '모호'라고 해. 정말 다행이지 뭐야. 어쨌든 모호는 아주 똑똑한 사람이었어. 물리학, 수학, 지리학, 운석학에도 탁월했을 뿐 아니라 크로아티아어, 영어, 프랑스어, 이탈리아어, 라틴어, 그리스어, 체코어까지 능숙하게 구사했다니까. 그래서 '지진'이란 말을 개의 서로 다른 언어로 말할 수 있었겠지! 마음만 먹는다면 말이야.

이름 : 베노 구텐베르크
(1889~1960)
국적 : 미국

주요 업적 : 구텐베르크는 지진파를 연구하고 그것이 어떻게 전파되는지를 밝히면서 오랜 세월을 보냈어. 그는 또한 찰스 리히터가 그 유명한 리히터 규모를 만들도록 돕기도 했지. (결국 엄밀히 말하자면 그건 구텐베르크-리히터 규모라고 해야 되겠지.) 그는 동료인 리히터와 함께 지진의 4분의 3은 불안정한 태평양 주변에서 일어난다는 사실을 입증했어. 물론 여러분도 이미 아는 사실이지. 머리 좋은 구텐베르크가 쓴 유명한 책들 가운데는 〈북아메리카의 지진〉과 〈지구의 지진 활동도〉가 있지.
그래, 제목만 들어도 따분해서 읽기 싫은 책이야.

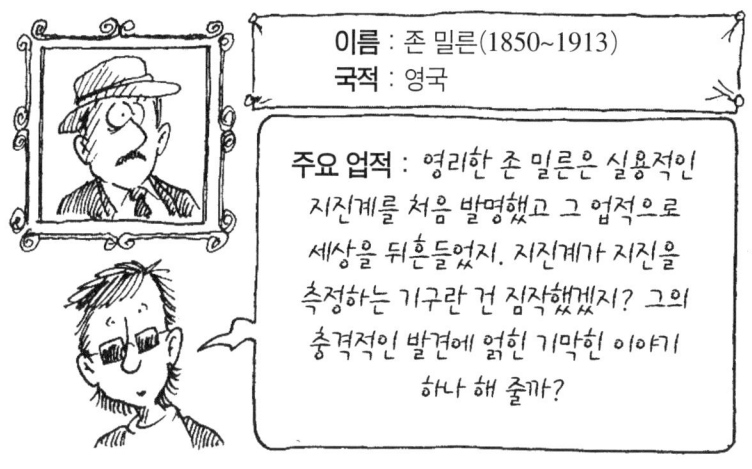

충격적인 발견

존 밀른은 영국의 리버풀에서 태어났다. 그는 런던에 있는 왕립 광업학교를 다녔으며 광산 기술자가 되었다.(광산 기술자는 땅 속에 광산을 건설하는 책임을 맡은 사람이다. 말만 들어도 따분하겠지만, 여러분은 이걸 알고 있는지? 그래도 누군가는 그 일을 해야 한다는 사실을.)

밀른은 갓 25세가 되었을 때 평생 직장을 얻게 되었다. 그는 일본 도쿄에 있는 제국 공과대학의 지질광산학과 교수가 된 것이다. 정말 대단하지?

그런데 뜻하지 않은 문제가 하나 있었다. 일본은 리버풀에서 아주 먼 거리에 있었으며 밀른은 바다를 싫어한다는 것이었다.(여행을 좋아하는 사람이 들으면 이상한 소리로 들릴 것이다. 그러나 젊은 청년이었던 그는 항상 움직여야 했다.) 그래서 그는 대부분을 육로를 이용했고, 유럽과 러시아를 거쳐갔다. 일본까지 가는 길고도 고된 길은 11달이나 걸렸다.

설상가상으로 그가 새 집에 들어간 바로 첫날 밤, 도쿄에 지진(비교적 작은)이 일어났다! 밀른이 겪게 될 지진은 그게 끝이 아니었다.

알다시피 일본은 아주 불안정한 땅 위에 있는 나라다. 밀른이 나중에 쓰기를, 일본에는 '아침 먹을 때, 점심때, 저녁때 그리고 잠잘 때에도' 지진이 일어난다고 했다.

그러나 한동안 밀른은 다른 일에 전념했다. 새로 얻은 일자리 때문에 바빴던 것이다.

이글거리는 분화구를 조사하기 위해 활화산 꼭대기에 올라야 했지만 그는 열심히 일했다. 다행히 화산이 꼭대기를 날려 버리지 않았으니 망정이지 그러지 않았다면 무모한 밀른은 죽었을 것이다. 그랬더라면 지진학자들이 무슨 일을 해낼 수 있었을까?

1880년 강력한 지진이 도쿄 근처의 도시 요코하마를 강타했다. 그 지진은 밀른이 화산 대신 지진에 관심을 집중시키기에 충분했다.

그는 즉시 뜻이 같은 과학자들을 불러모아 일본 지진학회를 세웠다.(밀른은 뭔가 결심하면 조금도 머뭇거리지 않고 실천에 옮기는 사람이었다.) 그때부터 그를 가로막는 것은 없었다. 지진 연구는 그의 필생의 과제가 되었다.

그러나 우선 지진에 관해 더 많이 알아야 했다. 문제는 그 방법이었다. 다음 순간, 똑똑한 밀른의 머리에 스치는 것이 있었다. 그는 정보가 필요했으며 빨리 정보를 모아야 했다.(당시에는 전화나 인터넷이 없었다.)

그는 반경 몇 킬로미터 이내의 모든 우체국에 반송용 엽서 한 꾸러미를 보냈다.

엽서 한 장 가득 지진에 관한 설문이 빽빽이 써 있었다. 모든 우체국장들은 매주 빠짐없이, 아무 지진 이야기라도 채워 밀른에게 돌려보내야 했다.

그 사람들은 물론 우표를 살 필요가 없었다. 정말 머리 좋지, 안 그래? 게다가 그 방법은 효과 만점이었다!

곧이어 밀른은 우편물 자루에 파묻히게 되었다. 사방이 엽서

천지였다. 그는 받은 답장을 통해 일본을 흔들었던 아주 작은 지진과 진동을 포함한 세세한 자료를 얻을 수 있었다. 그리고 그걸 가지고 지진에 관한 지도를 만들 수 있었다.

그러나 밀른은 만족하지 않았다. 목격담은 아주 그럴듯했지만 사실 그 말을 곧이곧대로 믿을 수는 없었다. 사람들은 항상 뭔가를 과장하거나 낮추어 보곤 한다.

예를 들어 여러분은 진동의 크기를 묘사할 때 '비교적 작은' 이란 항목에 표시를 하려고 했는데 뜻하지 않게 '큰' 이란 항목에 표시를 할지도 모른다. 여러분의 엽서가 따분해지는 걸 바라지 않기 때문이다.

어쨌든 밀른은 지진을 정확하게 측정하는 멋진 기계가 절실히 필요했다. 그때까지 여러 가지 다양하고 독창적인 기구들이 발명되었지만 어느 것도 제대로 작동되지 않았다. 밀른이 찾기를 포기했을까?

그랬다. 아니, 그는 더 나아가 직접 기계를 발명했다. 그것이 바로 지진계였다.

지진계는 지진으로 인한 충격파를 기록해서 과학자들이 지진을 연구하고 측정하게 해 주는 기계였다. 지진이 일어나서 지진계를 흔들면 뾰족한 침 또는 펜이 기름종이나 유리 위에 진동의 형태를 따라 그렸다. 참으로 기발한 장치였다. 지구가 흔들릴 만큼.

진동을 기록하라

지진계의 근본 원리는 존 밀른의 시대 이후 크게 변한 것이 없다. 이것은 그가 얼마나 똑똑했는지 보여 준다.

그런데 이 기가 막힌 기계는 어떻게 작동할까? 여러분이 지진계를 사용하려면 천재적인 지리학자가 되어야 할까? 아니면 선생님도 사용할 수 있는 간단한 기계일까?

이 복잡한 문제를 풀도록 여러분을 안내하기에 딱 적격인 사람이 시드의 삼촌인 만능수리공 스탠 아저씨이다.

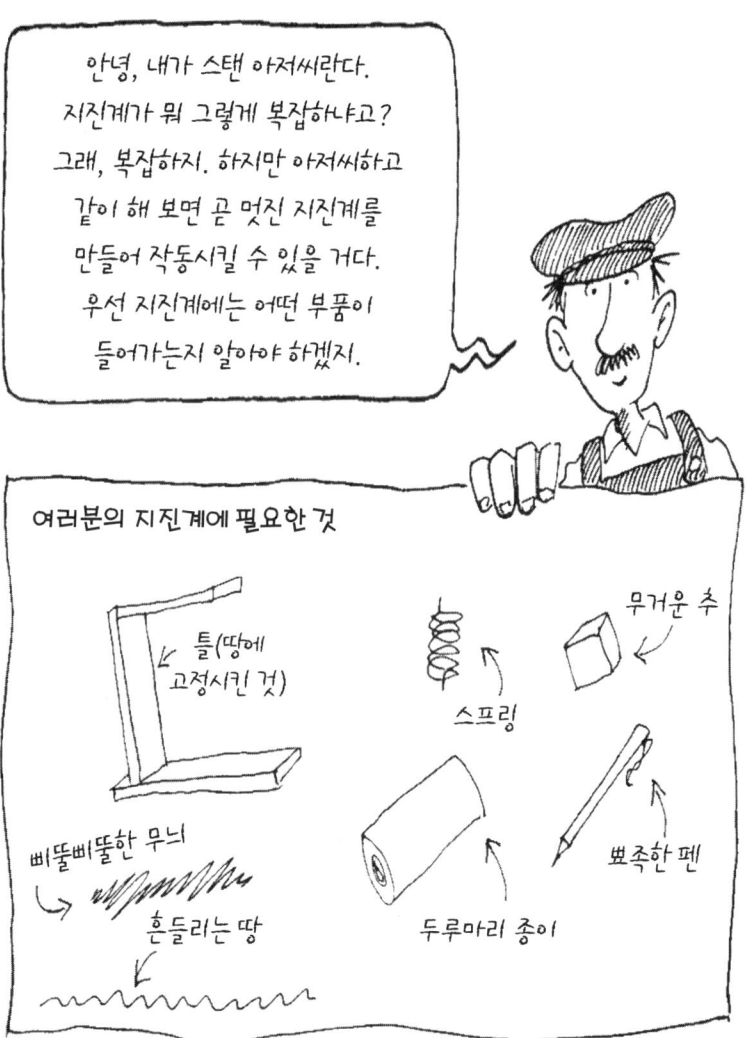

스탠 아저씨의 간편 정보 : 너희들 지진계 모양이 정확히 이것과 같지 않다고 걱정할 필요는 없다. 지진계의 종류는 아주 다양하니까. 빛을 사용해서 사진 필름 위에서 진동을 그리는 지진계도 있지. 또 전기를 이용해서 또는 디지털로 파동 형태를 기록하는 것도 있고.(내 생각엔 디지털 지진계가 전문가들이 가장 쓰기 좋은 것 같다.)

작동 원리

땅이 흔들리면 지진계 틀이 흔들리면서, 덩달아 두루마리 종이도 흔들리게 돼. 하지만 추는 흔들리지 않지. 따라서 추에 고정되어 있는 펜이 종이 위에 삐뚤삐뚤 흔적을 남기는 거야.

출력 테이프 확인

종이 위에 그려진 삐뚤삐뚤한 선을 전문 용어로 유식하게 '지진도'라고 한다. 사실 과학자란 사람들은 뭐든 어렵게 만드는 걸 좋아한다니까. 이 삐뚤삐뚤 선은 지진으로 인한 지진파의 파장 정도를 보여 준다. 이 선이 더 크게 그려질수록 지진도도 더 크다. 아직 내 말 듣고 있지? 좋아. 이제 여러분이 지진도를 해석할 수 있다면 목적은 달성한 셈이다.

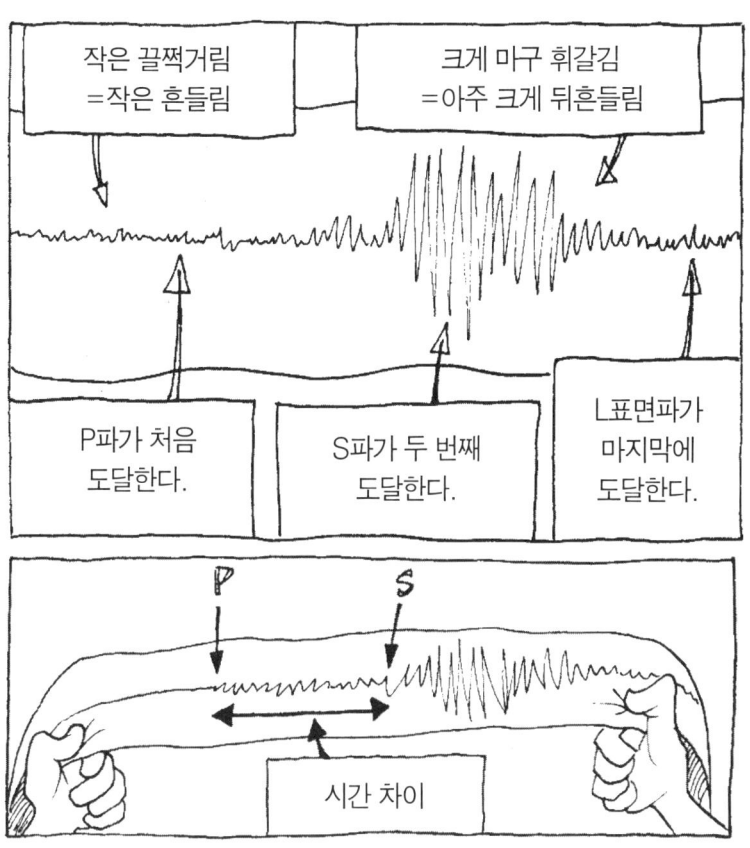

지진파의 크기는 지진의 등급을 계산해내는 데 쓰인다. 지진이 다가올수록 지진파가 크게 나타난다.

> 스탠 아저씨의 간편 정보 : 좀더 정확히 측정하기 위해서는 지진계를 땅 속에 묻으면 좋겠지. 난 몇몇 군데 광산에다 지진계를 묻어 두었어. 하지만 정기적으로 확인하는 것도 잊지 마라. 어디다 묻었는지 위치도 잊어버리지 말고.

세계적인 관측

　존 밀른은 쉬지 않고 열심히 연구를 계속했다. 그러던 중 1895년 재앙이 닥쳤다. 불이 나서 밀른의 집과 소중한 관측소가 파괴된 것이다. 다행히 밀른과 아내는 무사히 몸을 피했지만, 귀중한 책과 기구들이 잿더미로 변해 버렸다. 그동안 피나는 노력의 결과들이 순식간에 사라진 것이다.

　밀른은 크게 상심해서 일본을 떠나 영국으로 돌아갔다. 그러나 지진 관측은 그만두지 않았다. 그는 와이트 섬에 마련한 새 집에 최신 관측소를 짓고 최신 지진계를 설치했다. 그것은 시작에 불과했다. 1902년까지 그는 세계 곳곳에 비슷한 지진 관측소를 지어 24시간 지진을 감시했다.

　오늘날 '세계 표준화 지진 네트워크(WSSN)'는 전 세계에 관측기지를 두고 지진이 일어날 때마다 측정한다. 이 기구는 최첨단 지진계를 이용해서 불과 15분만에 주요 지진의 진앙을 정확히 짚어낸다. 그리고 경보를 울린다.

요건 몰랐을걸!

세계 최초의 지진계는 서기 130년경 중국에서 발명되었다. 이것은 후한의 탁월한 수학자이자 천문학자, 지도 제작자, 시인, 화가인 '장형'이 만들었다.(여러분들 배아프게 하는 다재다능한 그런 사람들 있지?) 그러나 이 지진계는 오늘날 여러분이 보는 그런 지진계와는 전혀 달랐다. 청동 용과 두꺼비가 있는 커다란 청동 단지처럼 생긴 것이었다. 용의 입엔 청동 여의주를 물고 있었고, 단지 안에는 무거운 진자가 매달려 있었다. 땅이 흔들리면 진자가 기울어지면서 진앙에서 가장 먼 쪽에 있는 용이 여의주를 뱉었다. 이 진기하고 복잡한 장치가 제대로 돌아갔을까? 믿을 수 없겠지만 정확했다!

선생님 질문이요

지진학자가 된다는 것에 진지하게 생각하고 있는 사람이라면 지진계말고 필요한 것이 또 있다. 다음처럼 이상한 발음을 가진 기구 이름으로 선생님을 당황하게 만들어 본다면 어떨까? 우선 다음 질문으로 시작한다.

여러분은 도대체 무슨 말을 한 것일까?

> **답글**: 트램펄린도 지진이 아니고, 용수철을 늘였다 줄였다 하는 것도 지진이 아니다. (그러나 용수철은 지진기록계의 부품이다.) 용이 움직이는 것도 늘였다 줄였다 하는 것이 아니다. 지진이 땅속에서 다시마프리트를 찌개로 하다. (그러나 땅속에 너무 깊이 있어서 우리가 느끼지 못한다.) 자동차가 다니는 것도 늘였다 줄였다 하는 것이 아니다. 사실 지진은 아주 빨리 일어난다. 그래서, 아! 그건가 놓은 것도 유효한 흔들기를 늘였다 줄였다 하는 것이 아니다. 생각났다?

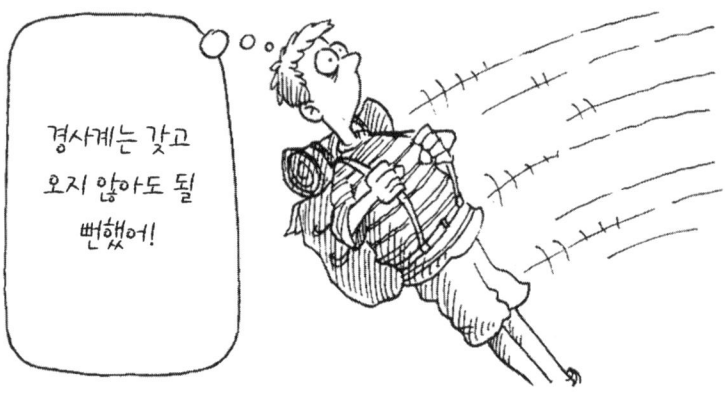

빨리 밖에 나가서 직접 지진을 측정하고 싶어 근질거리는 사람(대단한 열정인데?)은 조금만 참도록. 여러분의 지진계가 완성되어 작동할지는 몰라도 그건 어디까지나 지진이 끝난 후에 지진을 측정하는 기구이다.

다음에 어디서 지진이 일어날지 하는 문제는 말해 주지 않는다. 그렇다면 서둘러 출발하기 전에 다음 장을 읽어야지. 사느냐 죽느냐 하는 문제가 될지도 모르니까.

알쏭달쏭 경고 신호

 그럴 듯한 이름을 가진 멋진 기구들은 잠시 잊어버리자. 만약 여러분의 신기한 지진계가 압력을 못 이겨 부서진다면? 그렇다면 아주 곤란해질 것이다. 게다가 지진이란 녀석은 도무지 예측하기가 힘들기 때문에, 지진학자들도 받을 수 있는 도움은 모두 받아야 한다. 그렇다면 여러분은 언제 지진이 일어날 것인지 예측할 수 있을까? 그것이 가능하기나 한 일일까? 여러분은 지진이 일어날 조짐을 알아차릴 수 있을지?

나도 지진학자가 될 수 있을까?

 땅이 흔들리기 시작하면 여러분은 겁이 나서 순간적으로 몸이 굳는다. 길거리를 향해 달려나가자마자 여러분의 집이 등 뒤에서 무너진다. 여러분은 졸지에 모든 것을 잃어버린다. 그러나 여러분은 살아 있는 것 자체가 운이 좋은 것이다. 지진이 일어나는 걸 알았다면 좋았을걸. 그랬더라면 여러분의 소중한 물건들을 싸들고 재빨리 빠져나올 수 있었을 텐데. 여러분이 알아볼 수 있는 지진의 조짐은 혹시 없을까? 다음의 단서들을 살펴보자. 지진학자들은 이것들이 폭발 직전의 스트레스를 말해 주는 것이라고 생각한다. 해당되는 내용의 네모 칸에 표시할 것.

1. 난데없는 물 지진이 일어나기 바로 전에는 물에 이상한 일이 생긴다. 몇 달, 심지어 몇 년 동안 우물 속의 수위가 계속 낮아진다. 그러다가 갑자기 물이 다시 솟구쳐 오른다. 그 밖에도 호수에 거품이 일고 바다가 끓고, 샘이 계속 흐르는 것도 지진의 신호이다. 다음에 목욕할 때는 이상한 것이 없는지 주의 깊게 살펴보도록.

본 적이 있으면 표시

2. 분출이 뜸한 간헐온천 간헐온천은 땅 속의 뜨거운 암석 때문에 지하수가 끓는점까지 데워져, 거대한 수증기 기둥과 함께 폭발하듯 공중으로 내뿜어지는 온천이다. 어떤 간헐온천은 아주 정확해서 거기 시계를 맞춰도 될 정도이다. 미국 캘리포니아의 올드페이스풀 온천은 보통 40분마다 분출되어 시계처럼 규칙적이다. 그런데 지진이 일어나기 전에는 분출 간격

본 적이 있으면 표시

이 2시간 또는 그 이상으로 길어진다. 과학자들은 이런 현상이 왜 일어나는지는 모르지만, 이걸 이용해 지진을 예측한다. 이들은 이 간헐온천을 하루 24시간 컴퓨터로 지켜보고 있다.

3. 고약한 냄새의 기체 라돈은 땅 속의 암석이 뿜어내는 고약한 냄새의 기체이다. 이것은 샘이나 개울물의 표면까지 스며 올라온다. 과학자들은 지진이 일어나기 전에는 이 기체가 훨씬 빠른 속도로 올라온다는 걸 알아냈다. 압력을 견디다 못한 암석이 라돈 기체를 더 많이 뿜어내는 모양이다. 바로 이런 현상이 1995년 고베 지진 직전에 일어났다. 불행히도 사람들은 이 경고 신호를 무시했다.

4. 전율이 스치는 전진 큰 지진을 앞두고 여러 번의 작은 지진이 일어나는 경우가 종종 있다. 지진학자들은 이것을 전진이라고 한다. 전진은

압력이 더해갈수록 더 크고 강해진다. 문제는 전혀 전진을 못 느낄 때도 있다는 것. 아주 미세한 진동도 느끼지 못할 때가 있다. 어쩌다 느꼈다 싶으면 아무런 피해도 끼치지 않고 사라지는 수도 있다.

5. 밝은 빛 만약 하늘에 폭죽 불꽃이 만발했다면(경축일도 아닌데 말이다) 조심하라. 지진이 코앞에 와 있는지도 모르니까. 고베 지진이 있기 1시간 전, 사람들은 빨강, 초록, 파랑 빛줄기가 하늘을 가로지르는 것을 보았다. 이것을 전문용어로는 프랙토루미네슨스 (파쇄광)라고 하는데 '부서진 빛'이란 뜻이다. 과학자들은 이 빛이 석영이라는 광물질이 산산조각 나서 생기는 것이라고 추측하고 있다.

본 적이 있으면 표시 ☐

6. 험악한 날씨 사람들은 오랫동안 '지진 날씨'가 있다고 믿었다. 문제는 지진 날씨에 대해 사람들마다 생각이 다르다는 것. 맑고 화창한 하늘에 조용한 날씨라고 하는 사람들이 있는가 하면 번개가 치고 비가 퍼붓는 폭풍우 같은 날씨라고 하는 사람들도 있다. 어느 것

본 적이 있으면 표시 ☐

이 맞을까? 내 생각에는 둘 다 틀렸다. 왜냐하면 지진이 단순한 날씨 탓이라고는 말할 수 없다.

여러분은 위의 경고 신호 중 몇 개나 본 적이 있는지? 아마 표시한 것이 하나도 없을 것이다. 결국 그건 여러분이 사는 곳은 아주 안전하다는 얘기, 이제 걱정할 필요가 없다.

위험을 알리는 동물들

앞서 말한 경고 신호들이 모두 틀린 것 같다고 해서 걱정하지는 말 것. 대신 오랜 세월 전해온 이야기일 뿐이니까. 지진이 일어나기 전, 동물들이 이상한 행동을 보인다고 한다. 과학자들은 지진이 일어나려는 지점 부근의 작은 균열에서 나오는 소리에

동물들이 반응하기 때문이라고 추측한다. 여러분 집의 고양이가 쥐 쫓기를 그만두진 않았는지, 강아지가 그르릉거리는 소리를 내기 시작하진 않는지 지켜보자. 머잖아 심한 진동이 느껴질지도 모르니까. 지진이 닥치기 전 야생동물들이 보이는 경고 신호 중 도저히 말도 안 되는 건 뭘까?

a) 메기가 펄떡거리며 물 위로 뛰어오른다. 참/거짓

b) 쥐들이 겁에 질려서 달아난다. 참/거짓

c) 강아지와 고양이들이 사라져 버린다. 참/거짓

d) 호랑이 같은 야수들이 에, 그러니까 얌전한 고양이처럼 행동한다. 참/거짓

e) 꿀벌들이 집을 버리고 이사간다. 참/거짓

f) 땅 속 벌레들이 표면으로 기어 나온다.   참/거짓

g) 악어들이 흥분한다.   참/거짓

h) 금붕어가 미쳐서 어항 밖으로 뛰쳐나온다.   참/거짓

정답: 보름달이 뜨는 날이다. 그래서 밤에도 물놀이들이 신나게 논문다. 온도는 조금씩 변하지만 아래로 떠는 밤에도 은은한 달빛이 있기 때문에 들르는 것이 있습니다. 밤이 낮처럼 밝은 것은 거짓이다. 사실 달빛은 햇빛에 비교할 수 없이 어두운 빛이다. 달이 떴어도 자라는 것들은 정상 속도로 자란다. 이 분은 일어나는 농작물들은 곧 길을 알맞게 돌고든다. 그사람들이 아침에 바라보는 곳의 위에서 잠자는 것은 농부들이 밤에 돌아와 잠자지 않습니다!

확실한 단서일까 우연의 일치일까?

그렇다면 이런 경고 신호 중 정말로 맞는 것이 있을까? 이것들은 지진을 알려 주는 결정적인 단서일까? 아니면 놀라운 우연의 일치에 불과할까?

솔직히 말해서 대답하기 아주 어려운 문제다. 때로는 이런 신호가 맞을 때도 있다. 그러나 맞지 않을 때도 많다. 우르쾅쾅 지진의 세계에는 그 어떤 것도 믿을 수 없다.

다음의 충격적인 두 편의 실화를 읽어 보면 여러분도 알게 될 것이다.

행운의 탈출

1975년 2월 4일, 땅을 뒤흔드는 지진이 중국 랴오닝 성의 하이청 시를 강타했다. 그러나 목숨을 잃은 사람은 수천 명이 아닌 단 3백 명뿐이었다(이 도시 인구는 9만 명이었다). 사태는 더 나쁠 수도 있었다. 이와 비교할 수 없을 만큼 훨씬 더. 그러나 이 지진이 일어나기 몇 달 전부터 사람들은 이상한 낌새를 채기 시작했다.

겨울잠을 자던 뱀들이 갑자기 깨어서 졸음에 겨워 구멍 속에서 기어 나왔다. 그때는 아직 한 겨울인 데다 뱀은 원래 봄이 와야 깨어나는 동물이었다. 쥐 떼들이 원을 그리며 맴도는 모습도 보였다. 게다가 사흘 간격을 두고 5백 번의 전진이 있었다. 이 모든 것은 결국 엄청난 지진을 뜻했다. 다행스럽게도 시 당국은 이 경고 신호에 주의를 기울이기로 했다. 이들은 언제 지진이 닥칠지 정확히 예측할 수는 없었지만 위험을 무릅쓸 생각은 전혀 없었다.

결국 2월 4일 오후 2시에 그 도시에서 대피하라는 지시가 내려졌다. 사람들은 기꺼이 천막과 움막에서 차가운 겨울밤을 보낼 준비가 되어 있었다.

그리고 5시간 30분 후인 오후 7시 36분, 지진이 일어났다. 규모 7.3의 강진이었다. 사람들은 아슬아슬하게 대피에 성공했던 것이다.

참혹한 재앙

그러나 그 경고 신호들이 예정되어 있었던 걸까? 정말로 그것들이 믿을 만한 것일까? 많은 지진학자들은 그 경고를 행운이라고 생각한다. 수천 명이 목숨을 건진 건 사실이다. 그러나 운 좋게도 추측이 들어맞은 경우일지도 모른다. 그들이 과연 옳았을까?

그로부터 여덟 달 후인 1976년 7월 28일 오전 3시 43분, 중국의 또 다른 도시인 탕산에 또 한 번의 엄청난 지진이 닥쳤다. 규모 7.8의 큰 지진이었다.

그러나 탕산의 주민들은 운이 없었다. 도대체 경고 신호랄 만한 것이 없었다. 뱀이 놀란 일도 없었고, 쥐가 맴돈 경우도 없었다. 쿠르릉거리는 전진도 없었다. 아무것도 없었다. 1분 남짓한

짧은 시간에 30만 명 이상이 목숨을 잃었다. 수천 명이 넘는 사람이 크게 다쳤다. 도시 자체가 아예 무너져 버렸다. 그것은 사상 최악의 지진 가운데 하나였다. 그것이 다가오는 걸 알아차린 사람은 아무도 없었다.

정말 지진을 예측할 수 있을까?

지진을 제대로 예측할 날이 올까? 지진학자들이 지진보다 한 발짝 앞서기를 바랄 수 있을까? 그야말로 간단한 질문이잖아. 여러분은 이렇게 생각하겠지. 그야말로 간단한 질문. 그러나 그 답은 이만저만 까다로운 게 아니다. 얼마나 까다로운지 우르쾅쾅 지진학자들끼리도 의견이 엇갈린다. 우선 다음 두 사람의 얘기를 들어 봐도…….

천만에! 이건 일기예보와는 다른 문제야. 멋지게 들어맞는 예고는 불가능해. 그러니까 '어떤 크기의 지진이 어느 때 어느 장소에 닥치겠습니다'라고는 할 수 없다는 거지. '다음 주 화요일에 에스파냐에 비가 오겠습니다'라고 말하는 것처럼 되지 않는다는 얘기야.(그렇다고 일기예보가 다 맞는 것도 아니지만.) 한마디로 그건 불가능해. 우린 지구 내부에 관해 아는 게 별로 없거든. 게다가 전혀 예고 없이 일어나는 지진들도 많잖아. 결국 지진이 다가오는 걸 알아낼 방법이 없어.

지진학자들이 단 20초만이라도 일찍 경보를 내린다면 수천 명의 목숨을 살릴 수 있다. 하지만 조심해야 한다. 잘못된 경보는 더 나쁠 수도 있다. 과학자들이 대피 지시를 내렸는데 지진이 일어나지 않는다면 사람들은 다음엔 별로 귀 기울이지 않을 것이다. 그리고 아무리 지진을 제대로 예측할 수 있다고 해도 그걸 막을 수 있는 방법은 없다. 분명히 알아야 할 것은 그 사실뿐이다!

지진에서 살아남기

뭐, 여러분의 고양이가 집을 나갔다고? 하하, 겁먹을 필요는 없다. 그 고양이는 쥐를 잡으러 나갔을 테니까. 사실 이런 일이 지진을 예고하는 경우는 아주, 극히 드물다. 그러나 그건 모르는 일이다. 어쨌거나 갑자기 땅이 흔들린다면 여러분은 어떻게 해야 할까? 어떻게 대처하면 될까? 전혀 모르겠다고? 마침 시드가 지진이 일어났을 때의 대피 요령을 알고 있다. 요걸 다 읽기 전에는 잠자리에 들지 말라고.

우르쾅쾅 지진 대피 요령

안녕, 또 만났네. 여러분이 사는 곳이 지진대라면 준비를 해야지. 항상 하는 말이지만 유비무환이라고. 지진이 자주 일어나는 곳에서는 정기적으로 지진 대피 훈련을 해. 학교에서 하는 소방 훈련과 비슷한 거지. 물론 비가 퍼붓는 가운데 운동장에 서서 시간 보낼 필요는 없지만 말이야. 다행이지. 어쨌든 지진이 일어났을 때 안전하게 대피하려면 해야 할 것과 하지 말아야 할 것이 있지.

해야 할 것

- **필수품을 챙겨둔다** 비상 필수 용품을 챙겨 둔다. 우선 소화

기와 손전등(여분의 건전지도 함께), 구급상자, 통조림 식품(통조림 따개와 고양이 먹이도 잊지 말 것. 결국 고양이도 집에 돌아올 테니까), 생수(사흘분은 준비한다), 침낭이나 담요, 따뜻한 옷, 튼튼한 신발(돌더미나 부서진 유리 위를 걸어도 좋은 것) 등이다. 이런 물건들은 쉽게 꺼낼 수 있는 곳에 넣어 두고 식구들 또는 반 친구들에게 그 장소를 알려 준다.

● **라디오를 듣는다** 비상 필수 용품 상자에 라디오를 준비한다(여분의 건전지와 함께). 지진이 일어난 후 며칠 심지어 몇 주 동안 신문이나 TV방송이 끊길지도 모른다.
그러므로 정보와 조언을 듣기 위해서 라디오에 귀를 기울인다.

● **마음의 준비를 한다** 식구들이나 반 친구들에게 할 일을 확실하게 일러둔다.(미리 연습한다.) 지진이 일어난 후 헤어질 때를 대비해서 만날 장소를 정해 둔다.

- **가스를 잠그고 전기를 끈다** 지진으로 가스 배관이 부서지고 전기가 나갈 수 있다. 그럴 때 어둠 속에서는 손전등이 필요하다. 절대로, 성냥을 켜선 안 된다. 가스가 새 나왔다면 모든 것이 불꽃 속에 사라질 수 있다.

- **튼튼한 탁자 밑에 웅크린다** 학교에 있다면 책상 밑에 웅크린다. 쿠션이나 베개로 머리를 덮고 팔에 얼굴을 묻는다. 그래야 깨진 유리 조각이나 날아다니는 물건으로부터 머리와 눈을 보호할 수 있다. 탁자 다리를 단단히 붙든다. 그리고 흔들림이 그칠 때까지 움직이지 않는다. 잊지 마, '수그리고 덮고 붙잡는다' 야.(근처에 탁자가 없다면 문간에 서 있는다. 문 틀도 상당히 튼튼하거든.)

하지 말아야 할 것

- **밖으로 뛰어나가면 안 된다** 밖으로 뛰어나가기 전에 집이 흔들리다 멈출 때까지 기다린다. 섣불리 나갔다가는 날아다니는 유리 조각이나 건물 파편에 맞을 수 있다.(또 창 밖으로 떨어질 수도 있어.) 규칙은 이거야. 건물 안에 있다면 안에 있고, 밖에 있다면 밖에 있는 것.

- **계단을 사용하면 안 된다** 여러분이 아파트에 살거나 높은 건물 안에 있다면 계단 근처에 가지 말아야 한다. 반드시 흔들림이 멈춘 후에 계단을 사용하도록. 안 그러면 떨어지거나 넘어져 다치기 쉽다. 무슨 일이 있어도 엘리베이터를 타면 안 된다. 전기가 나가면 갇히게 된다.

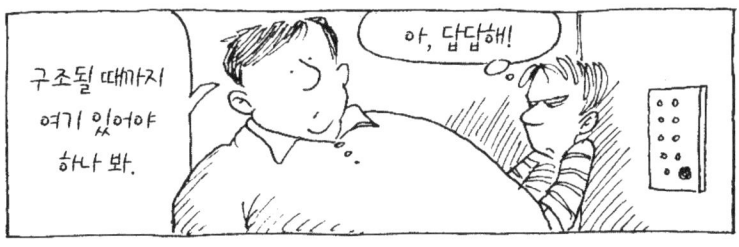

- **건물 옆에 서 있으면 안 된다** 일단 흔들림이 멈추고 밖에 나가도 된다면 서 있을 만한 넓은 장소를 찾아라. 건물이나 나무, 굴뚝, 전봇대 등 여러분 위로 무너질지도 모르는 곳에서 떨어져 있어야 한다.

- **자동차를 타지 말라** 적어도 지진이 끝날 때까지는 안 된다. 차 안에 있다면 속도를 줄이고 넓은 장소에 차를 세운다. 그

리고 다리 근처에는 얼씬도 하지 마라. 다리 위에 있다가 다리가 무너질지도 모르니까. 흔들림이 멈출 때까지 차 안에서 기다린다.

● **전화 사용을 삼간다** 지진이 일어난 며칠 동안은 전화기를 사용하지 않는다. 물론 아주아주 급할 때는 괜찮다. 쓸데없는 전화 사용으로 응급 전화가 불통될 수도 있으니까.

지진 구조

휴! 여러분은 무사하다. 하지만 운이 좋았던 것이다. 큰 지진이 일어난 후 대혼란 속에서는 수많은 사람들이 다치거나 죽기도 한다. 많은 사람들이 무너진 건물 밑에 묻힌다. 구조대원들은 1초도 머뭇거릴 수가 없다. 그러나 구조 작업은 아주 위험한 일이다. 언제든 건물이 구조대원들 위로 무너질 수 있기 때문이다. 작은 여진이 잇따를 때는 특히 위험하다. 게다가 구조 장비가 곡괭이나 삽뿐일 수도 있고 심지어는 맨손으로 일할 때도 있다. 열 감지 카메라나 첨단 장비가 있다고 해도 구조 작업은 시간을 다투는 일이다. (특별히 훈련된 구조견들도 쓰인다. 생존자들을 기가 막히게 찾아낸다.) 구조대원들은 생존자를 빨리 구조해야 한다는 걸 알고 있다. 충분한 공기나 물이 없는 곳에 갇힌 사람들은 며칠밖에 살지 못한다. 어떤 사람들에겐 구조대가 너무 늦게 도착하기도 한다. 그러나 모두 나쁜 소식만 있는 건 아니다. 때로는, 가망이 전혀 없어 보이지만 놀랍게도 기적이 일어난다. 멕시코시티에서 그런 특이한 일이 있었다.

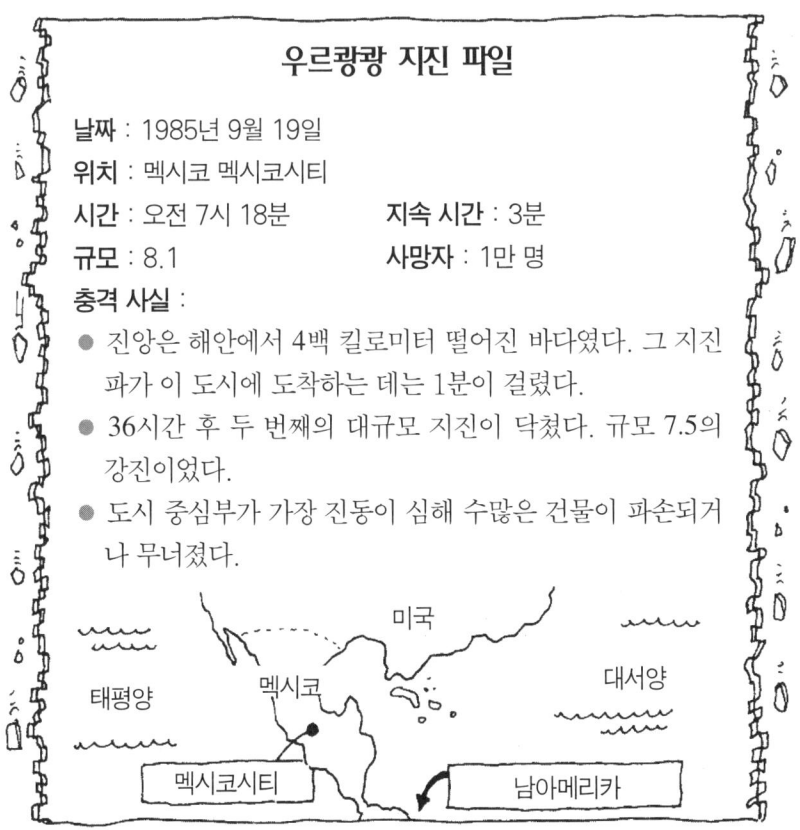

우르쾅쾅 지진 파일

날짜 : 1985년 9월 19일
위치 : 멕시코 멕시코시티
시간 : 오전 7시 18분   **지속 시간** : 3분
규모 : 8.1   **사망자** : 1만 명
충격 사실 :
- 진앙은 해안에서 4백 킬로미터 떨어진 바다였다. 그 지진파가 이 도시에 도착하는 데는 1분이 걸렸다.
- 36시간 후 두 번째의 대규모 지진이 닥쳤다. 규모 7.5의 강진이었다.
- 도시 중심부가 가장 진동이 심해 수많은 건물이 파손되거나 무너졌다.

지구 일보

1985년 9월 29일 멕시코시티
지진 속에서 구조된 기적의 아기들

강력한 지진이 멕시코시티를 휩쓴 지 열흘, 구조대원들이 기적에 환호하다.

갓 태어난 두 신생아가 산부인과 병원의 폐허 속에서 무사히 구출되었다. 아기들을 검진한 의사는 이렇게 말했다.

"정말 굉장한 일이에요. 사실 아기들은 매우 강합니다. 아주 큰 충격을 겪게 되면 아기들은 신체 대사량을 낮춥니다. 동물들이 겨울잠을 자는 것과 같죠. 그런 방법으로 이 아기들은 물과 음식 없이 놀랄 만큼 오랜 시간 살아 있었던 것입니다."

아기들은 아주 운 좋게 구출되었다. 이 아기들이 태어났던 병원 고층 건물은 카드로 쌓은 집처럼 무너져 버렸다.

완전히 무너진 건물

남은 것은 휘어진 철근더미뿐이었다. 약 1천 명의 의사, 간호사, 환자들이 잔해더미 속에 묻혀 버렸다.

슈퍼 아기!

구조견의 활약

사정은 도시 어느 곳이든 마찬가지였다. 지진이 일어난 후 구조대는 생존자들을 끌어내리고 24시간 구조 활동을 벌이느라 탈진 상태가 되었다.

날이 갈수록 구조 활동은 더욱 암울해져갔다. 이제 발견되는 것은 대부분 죽은 시체들이었다. 그러나 이 아기들이 발견되어 구조대원들에게 꼭 필요한 활기를 불어넣어 주었다. 한 대원은 눈물을 글썽이며 말했다.

"이건 암흑과 비참함 속에 타오른 희망의 횃불입니다. 우리는 생존자를 찾을 희망을 거의 포기했었죠. 그런데 이 아기들이 우리가 계속 구조 작업을 할 수 있도록 힘을 주었습니다."

요건 몰랐을걸!

1999년 8월 규모 7.4의 강진이 터키를 휩쓸었을 때 다섯 명의 남자가 가까스로 목숨을 구했다. 무너진 건물 지하에 갇혀 있던 이들은 가까스로 구조를 요청했다. 휴대폰으로! 나중에 이들은 멍들고 험한 모습으로 구출되었지만 운 좋게도 살아 있었다.

내진 건물

우르쾅쾅 지진이 일어났을 때 사람들을 죽게 만드는 것은 진동이 아니라 건물 때문이다. 건물이 무너져 사람들에게 큰 피해를 준다.

그럼 어떻게 하면 위험을 없앨 수 있을까? 건축가들과 시공업자들은 이미 그 문제를 해결했다. 이들은 지진에도 견딜 수 있는 내진 건물을 지으려 애쓰고 있다.

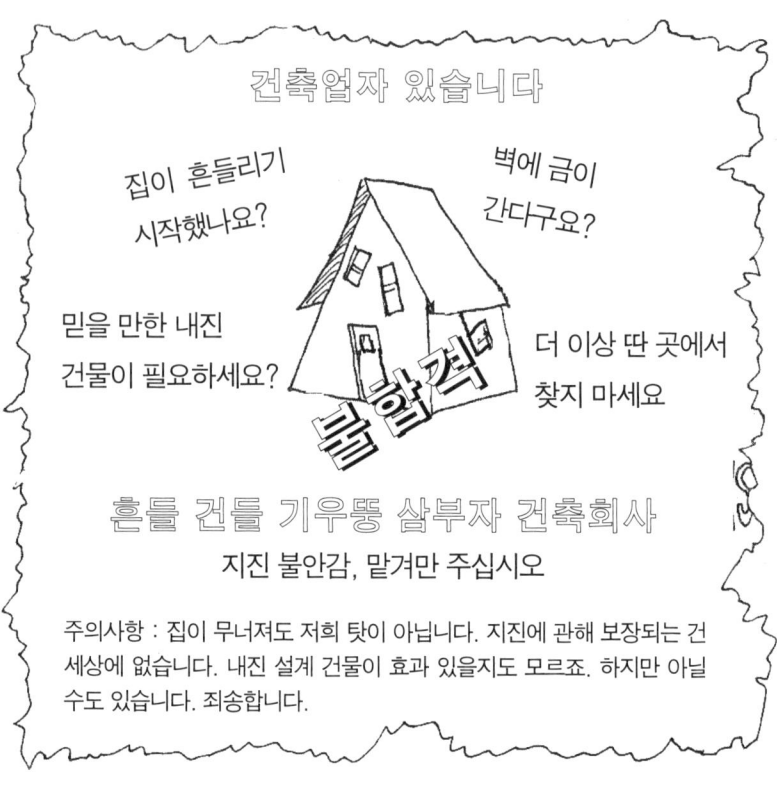

여러분의 집이 지진에도 끄떡하지 않고 서 있기를 바란다고? 설마 저 광고를 믿는 건 아니겠지? 여러분 스스로 만들어 보면 어떨까?

다음의 설명서대로 하는 '나대로 공작법'은 먼지는 좀 날지 몰라도 유익하다. 이걸 보고 여러분이 어떻게 하면 좋은지 알아보자.

여러분이 낫 놓고 기역자를 모른다 해도, 아니 망치와 모루를 구분하지 못한다 해도 걱정할 필요 없다.

시드의 삼촌 스탠 아저씨가 간편 정보로 여러분을 도와 줄 테니까.

초보자를 위한 건축
제1과 건물은 왜 무너질까?

여러분의 집이 튼튼하게 서 있게 하는 법을 배우기에 앞서, 왜 집이 무너지는지를 알아야 한다. 여러분의 집을 흔들어 볼 용기 있는 사람?

준비물:

- 작은 플라스틱 음료수 병*한 개 (집을 대신해서)
- 빳빳한 종이 한 장 (땅을 대신해서)

실험방법:

① 플라스틱 병을 종이 위에 세워놓는다.

② 종이를 천천히 앞뒤로 움직인다.

③ 이번에는 종이를 아주 빨리 움직인다.

④ 이번에는 ②와 ③의 중간에서 종이를 움직인다.

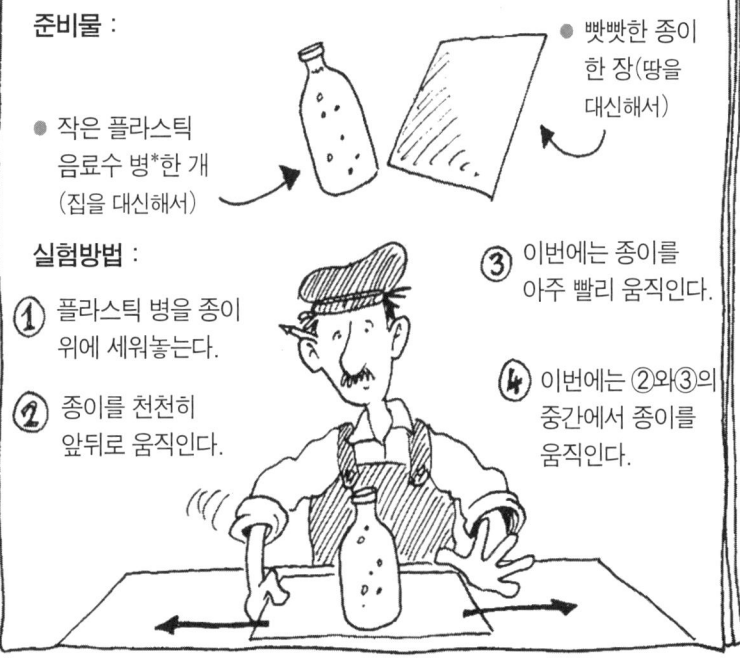

어떤 일이 일어날까?

a) 병이 약간 흔들리지만 넘어지지는 않는다.

b) 병이 기우뚱거리지만 넘어지지는 않는다.

c) 병이 기우뚱거리다가 넘어진다.

정답 : 이것은 여러분이 종이를 움직이는 속도에 따라 다르다. 종이를 천천히 움직였다면 병은 약간 흔들리지만 넘어지지 않는다. 빠르게 움직였다면 병 윗부분이 기우뚱거리지만 그래도 서 있다. 그러나 그 중간쯤에서 종이를 움직였다면 병은 넘어진다. 이것은 병이 정확히 종이와 똑같은 주파수**로 흔들렸기 때문이다. 지진이 일어났을 때도 마찬가지이다. 건물이 땅의 주파수와 똑같이 흔들린다면 곧 무너지게 된다.

* 이번 장을 다 읽은 사람은 그 음료수를 마셔도 좋다. '나대로 공작법'을 하고 나면 목이 마를 테니까. 거품 나는 음료수는 피할 것. 여러분이 병을 땄을 때 사방에 튀겨서 엉망진창이 될 수 있거든.

** 주파수란 1초에 지나는 지진파의 수를 일컫는 어려운 전문 용어이다.

스탠 아저씨의 간편 정보 1

여러분은 어떤 집을 지을지 신중하게 선택해야 한다. 다음의 이상한 두 건물을 살펴보자. 어느 건물이 지진에 더 잘 견딜까?

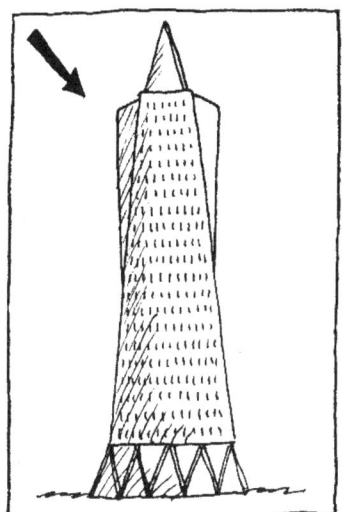 

모르겠어? 사실 둘 다 기막히게 잘 견디지. 왼쪽에 있는 피라미드 모양은 지진에도 끄떡없어. 이런 특이한 건물이 샌프란시스코에 있단다. 1989년 로마 프리에타 지진이 일어났을 때 이 49층짜리 건물은 약간 흔들렸지만 무너지지 않았지. 오른쪽의 벌집 모양 건물 역시 기가 막힌 설계지. 낮고 땅딸막해서 발을 땅에 단단히 버티고 선 것 같거든.

제2과 흔들림 멈추기

그래, 이제 여러분은 지진이 일어났을 때 왜 건물이 무너지는지 알았겠지. 그렇다면 어떻게 하면 건물이 무너지지 않을까? 우선은 흔들림을 멈추게 해야 한다. 여러분의 집이 별로 흔들리지 않는다면 무너질 확률도 적어진다. 여러분이 쓸 수 있는 기술은 다양하다. 모두 실험과 검증을 거친 것들이다. 그 방법은 다음과 같다.

● **샌드위치를 만든다** 아니, 치즈나 햄이 들어간 샌드위치 말고. 이 샌드위치는 고무와 강철의 두꺼운 층으로 만들어진 것이다. 고기도 끼워 넣으면 좋겠다고? 이 샌드위치를 여러분이 지을 건물 기초에 설치하도록. 이것이 건물을 떠받쳐서 흔들림을 멈추게 해 줄 것이다.

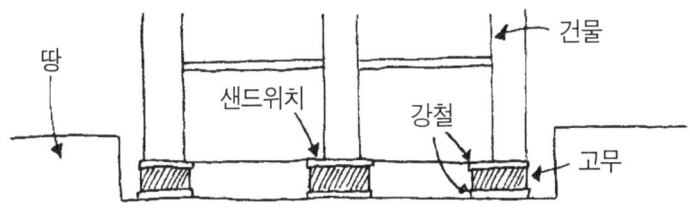

● **충격 흡수제를 쓴다** 충격 흡수제는 지진파를 흡수하기 위해 쓰이는 커다란 고무판이다. 이것을 벽 속에 넣으면 흔들림을 막을 수 있다. 이런 재료는 지진이 잦은 샌프란시스코의 골든게이트 브리지, 일명 금문교에도 쓰였다. 다시 지진이 일어나면 이 충격 흡수제 덕택에 다리 위 도로가 탑에

부딪쳐서 다리 전체가 무너지는 일은 없을 것이다.(운이 좋다면 말이다.)

● **무게를 더한다** 어떤 고층 건물들은 꼭대기의 무게가 상당하다. 무게로는 어디 뒤지지 않을걸! 무게는 전자공학적으로 작용한다. 지진이 일어나면 무게가 진동의 반대 방향으로 작용하여 균형을 맞추는 것이다. 기발하지? 하지만 엄청난 비용이 든다. 돈이 별로 없는 사람한테는 적당한 방법이 아니다.

● **벽지를 붙인다** 그래 맞아, 벽지. 하지만 할머니 댁에 있는 꽃무늬 벽지는 아니다. 이 벽지는 전에 없던 특이한 벽지다. 그리고 할머니 맘에 안 드실걸. 이건 반짝이는 검은 플라스틱처럼 생겼다. 이걸 벽에 붙이고 마를 때까지 둔다. 보통 벽지를 붙일 때처럼. 하지만 이 벽지는 전혀 평범하지가 않다. 이것이 마르면 강철보다 17배 강해진다! 굉장히 질긴 물질이다. 결국 이 슈퍼 지진 벽지는 지진이 와도 벽에 금이 가기는커녕 벽을 꼭 붙들어 준다.

● **차고를 비운다** 만약 여러분 집 지하에 차고를 지으려고 한다면 다시 생각해 보자. 차고처럼 크고 빈 공간이 있으면 1층이 굉장히 불안정해진다. 여러분 집에 이미 주차장이 있다면 모든 잡동사니를 깨끗이 치우도록(사실 중요한 공사는 아니지만 부모님이 기뻐하실 것이다). 그리고 맨 밑바닥 기초 부분까지 주차장에 거대한 스프링을 장치한다. 스프링은 충격을 받으면 굽었다가 흔들림이 멈추면 도로 튀어오른다. 결국 여러분의 집도 서 있게 된다.

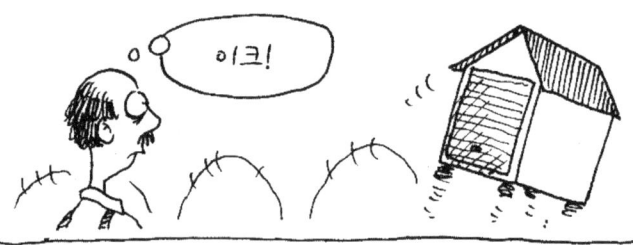

스탠 아저씨의 간편 정보 2

건물 짓기에 가장 좋은 재료는 나무나 철근 콘크리트(철근을 넣어 보강한 콘크리트)처럼 약간 휘는 성질을 가진 것들이지. 부서지기 쉬운 벽돌이나 속이 빈 콘크리트 블록은 쓰지 말아야 해. 지진이 시작되면 부서져 버릴 테니까. 나 같으면 강화유리도 사용할 거야.

제3과 여러분의 집 점검하기

그래, 중요한 순간이 왔다. 여러분은 내진 구조로 집을 지었지만 과연 지진을 견디어낼까? 실제로 강력한 지진이 닥치기 전에는 알 수 없는 일이다. 하지만 실제의 지진은 여러분이 피하고 싶은 일이다.

그럼 도대체 어떡하라는 거냐고? 전문가들은 이렇게 제안한다.

1. 우선 여러분의 집 모형을 만든다. 크기는 똑같지 않아도 된다. 축소 모형이면 될 것이다.

2. 다음은 셰이크 테이블 즉 흔들 탁자를 구한다. 아니, 다리 하나가 흔들리는 탁자는 안 된다. 이것은 지진과 같은 조건에서 건물을 시험하기 위한 첨단 장비이다. 엄청나게 값이 비싸므로 전문가한테서 빌려야 할 것이다.

3. 이제 모형 건물을 셰이크 테이블 위에 놓는다. 그리고 테이블을 흔들게 한다.(주 : 여러분이 흔들지 않아도 된다.

그 일은 컴퓨터가 해 줄 것이다. 흔들도록 특별히 프로그램되어 있다.)

4. 뒤로 물러서서 결과를 지켜본다. 모형 건물이 쓰러지면 다시 시작한다.(이번에는 설명한 그대로 하도록.) 건물이 서 있다면, 축하한다. 여러분은 지진 분야의 '나대로 공작법'의 귀재임에 분명하다.

스탠 아저씨의 간편 정보 3

서랍장이나 책장을 벽에 붙여 놓는 것도 좋은 생각이다. 그래야 지진이 일어났을 때 머리 위로 넘어지지 않지. 부엌 찬장에는 고정 문고리를 붙인다. 통조림 깡통들이 날아다니는 일은 없어야 하잖아. 필요한 부품을 구할 수 없다면 캘리포니아에 있는 '퀘이크 버스터스'라는 회사에 알아본다.(그래, 진짜 있는 회사야!) 거기선 뭐든 잘 고정시킨다고 들었거든.

제4과 부지 선택

어디다 집을 지을지 신중히 선택한다. 어떤 땅은 다른 땅보다 더 약하다. 땅이 아주 무르거나 부드러운 곳은 고르지 않도록 한다. 화를 자초하는 일이다. 이런 땅이 흔들리게 되면 지하수가 표면으로 올라와 흙을 젤리처럼 흐물흐물하게 만들어 버린다. 진흙탕 속에 집이 서 있게 할 수는 없다. 흐물흐물한 젤리에다 숟가락을 세우면 어떻게 되게?

1985년 멕시코시티에서 일어났던 일이다. 이 도시는 말라버린 호수 바닥에 세워졌다. 실로 매우 안 좋은 곳을 고른 경우다. 지진이 일어나자 이 호수 바닥은 젤리처럼 변해 버렸다. 곧장 흙 속으로 가라앉은 건물들이 있는가 하면 어떤 건물은 한쪽으로 기울었다. 엎친 데 덮친 격으로 이 호수 바닥은 우묵한 그릇처럼 생겼다. 그래서 그게 무슨 상관이냐고? 사실 그 형태는 충격파를 더 강하고 크게 확대시켰다. 그 결과 피해와 손실은 몇 곱절이나 더 심해졌다.

그렇다면 집짓기에 가장 좋은 땅은 어떤 땅일까? 그야 단단하고 믿음직한 바위땅이 좋겠지.

스탠 아저씨의 간편 정보 4

여러분 사는 지역의 건축법을 따라야 한다. 지진이 잦은 도시에는 대부분 그런 건축법이 있다. 문제는 내진 건물을 지으려면 굉장히 많은 비용이 든다는 것이다. 그래서 법을 어기면서 비용을 줄이는 건설업자들이 더러 있다. 적절한 재료를 쓰지 않고 더 싸고 겉만 번지르르한 재료를 사용한 결과 건물 자체를 흉기로 만들어 버린다. 게다가 가난한 나라의 많은 사람들은 멋있는 내진 건물을 짓고 살 돈이 없다. 그래서 죽음의 위험을 안고서 살고 있다. 해결이 쉽지 않은 문제이다.

정말 충격적이지? 하지만 아주 암울하고 비관적인 것만은 아니다. 전 세계의 지진학자, 건축가, 건설업자들은 흔들리는 도시를 좀더 안전하게 만들기 위해서 열심히 일하고 있다.

과연 그 성과가 있을까? 아무도 모른다. 그들이 지은 새 건물을 본격적으로 실험할 방법은 다음에 일어날 지진을 기다리는 것밖에 없다.

흔들리는 미래?

그렇다면 미래의 지구에는 지진이 더 자주 일어날까? 아니면 머지않아 지진은 옛날 이야기로 바뀔까? 스트레스 쌓인 우리의 지진학자를 다시 만나서 뭐라고 하는지 들어보자. 어, 이런. 아직도 말다툼하고 있잖아.

쟤 말은 듣지 마. 그런 일은 없을지도 몰라. 지진이 요즘 와서 옛날보다 더 자주 일어나는 건 아니니까. 다만 신문에 나는 경우가 더 많아졌을 뿐이야. 그리고 우리 지진학자들은 더욱 예민해진 지진계를 가지고 있어서 작은 지진도 더 쉽게 알아내거든. 지진을 정확히 예측하기까진 오랜 세월이 걸릴 거야. 그게 가능하다면 말이야. 하지만 우리는 지진에 관해 더 많은 것들을 알아내고 있어. 결국 아직까지는 지진을 이길 수 없을지 몰라도 지진에 잘 대처하는 법은 배울 수 있어. 자! 이제 탁자 밑에서 그만 나오라고.

여러분도 보다시피 전문가들조차 확실히 알지 못한다. 하지만 여러분 학교가 위험한 땅 위에 지어졌는지 확인하려고 당장 운동장을 파는 짓은 할 필요가 없다.(그걸 핑계로 2시간짜리 지리 수업을 빼먹을려고? 창피한 줄 알아!) 사실 지진으로 여러분이 흔들릴 가능성보다 수업 시간에 이 책을 읽었다고 선생님이 벽돌 더미처럼 여러분을 덮칠 가능성이 훨씬 더 높다. 물론 지진이 일어나면 어떤 사태가 벌어질지 여러분은 전혀 모른다. 안 그래? 그러니까 그냥 기다렸다가 두고 볼 수밖에 없지. 내 생각이지만 그거야말로 지구를 뒤흔들 엄연한 진실이다!

앗, 시리즈 (전 70권)

앗, 이렇게 재미있는 수학이!

어렵고 지루했던 수학이 순식간에 쉽고 즐거워집니다. 수학의 기초 원리에서부터 응용까지, 다양한 정보와 교양을 골라서 일목요연하게 정리해 줍니다.

01 수학이 모두 모여 수군수군
02 수학이 수리수리 마술이
03 수학이 수군수군
04 수학이 또 수군수군
05 수학이 자꾸 수군수군 1. 셈
06 수학이 자꾸 수군수군 2. 분수
07 수학이 자꾸 수군수군 3. 확률
08 수학이 자꾸 수군수군 4. 측정
09 대수와 방정맞은 방정식
10 도형이 도리도리
11 섬뜩섬뜩 삼각법
12 이상야릇 수의 세계
13 수학 공식이 꼬물꼬물
14 수학이 꿈틀꿈틀

앗, 시리즈 (전 70권)

앗, 이렇게 재미있는 과학이!

어렵고 지루했던 과학이 순식간에 쉽고 즐거워집니다.
복잡한 현대 과학의 기초 원리에서부터 응용까지
다루고 있으며, 다양한 정보와 교양을 골라서
일목요연하게 정리해 줍니다.

15 물리가 물렁물렁
16 화학이 화끈화끈
17 우주가 우왕좌왕
18 구석구석 인체 탐험
19 식물이 시끌시끌
20 벌레가 벌렁벌렁
21 동물이 뒹굴뒹굴
22 화산이 왈칵왈칵
23 소리가 슥삭슥삭
24 진화가 진짜진짜
25 꼬르륵 뱃속여행
26 두뇌가 뒤죽박죽
27 번들번들 빛나리
28 전기가 찌릿찌릿
29 과학자는 괴로워?
30 공룡이 용용 죽겠지
31 질병이 지끈지끈
32 지진이 우르쾅쾅
33 오싹오싹 무서운 독
34 에너지가 불끈불끈
35 태양계가 티격태격
36 튼튼탄탄 내 몸 관리
37 똑딱똑딱 시간 여행
38 미생물이 미끌미끌
39 의학이 으악으악
40 노발대발 야생동물
41 뜨끈뜨끈 지구 온난화
42 생각번뜩 아인슈타인
43 과학 천재 아이작 뉴턴
44 소름 돋는 과학 퀴즈

이거 상당히 놀랄 만한 이론인데!

앗, 시리즈 (전 70권)

앗, 이렇게 재미있는 사회·역사가!

어렵고 지루했던 사회·역사가 순식간에 쉽고 즐거워집니다.
사회·역사와 담을 쌓았던 친구들에게 생생한 학습 의욕을
불어넣어 줄, 꼭 필요한 정보와 교양만을 골라서 일목요연하게
정리해 줍니다.

- 45 바다가 바글바글
- 46 강물이 꾸물꾸물
- 47 폭풍이 푸하푸하
- 48 사막이 바싹바싹
- 49 높은 산이 아찔아찔
- 50 호수가 넘실넘실
- 51 오들오들 남극북극
- 52 우글우글 열대우림
- 53 올록볼록 올림픽
- 54 와글와글 월드컵
- 55 파고 파헤치는 고고학
- 56 이왕이면 이집트
- 57 그럴싸한 그리스
- 58 모든 길은 로마로
- 59 아슬아슬 아스텍
- 60 잉카가 이크이크
- 61 들썩들썩 석기 시대
- 62 어두컴컴 중세 시대
- 63 쿵쿵쾅쾅 제1차 세계 대전
- 64 쾅쾅탕탕 제2차 세계 대전
- 65 야심만만 알렉산더
- 66 위풍당당 엘리자베스 1세
- 67 위엄가득 빅토리아 여왕
- 68 비밀의 왕 투탕카멘
- 69 최강 여왕 클레오파트라
- 70 만능 천재 레오나르도 다 빈치

전 세계 2천만 독자가 함께 읽는
<앗, 시리즈>

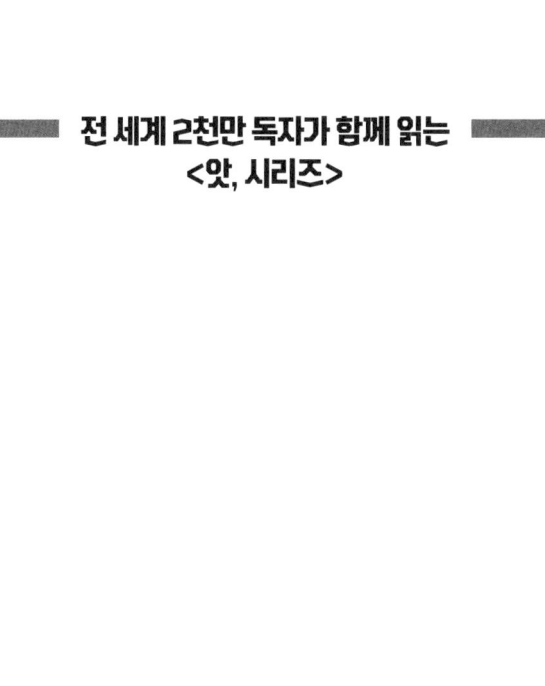

난 클레오파트라의 영렬한 친구!

전 세계 2천만 독자가 함께 읽는
<앗, 시리즈>